A. SCHEURER-KESTNER

SOUVENIRS DE JEUNESSE

— AVEC UN PORTRAIT —

PARIS
BIBLIOTHÈQUE-CHARPENTIER
EUGÈNE FASQUELLE, ÉDITEUR
11, RUE DE GRENELLE, 11

1905

SOUVENIRS DE JEUNESSE

A. SCHEURER-KESTNER

A SA SORTIE DE SAINTE-PÉLAGIE (1862)

A. SCHEURER-KESTNER

SOUVENIRS DE JEUNESSE

— AVEC UN PORTRAIT —

PARIS

BIBLIOTHÈQUE-CHARPENTIER

EUGÈNE FASQUELLE, ÉDITEUR

11, RUE DE GRENELLE, 11

1905

AVANT-PROPOS

Scheurer-Kestner a laissé de volumineux *Mémoires*, qui constitueront une source précieuse de documents pour l'histoire du second Empire et de la troisième République. L'ancien vice-président du Sénat fut mêlé, dès avant 1860, aux luttes de l'opposition républicaine. Fils d'un vieux démocrate, il était le gendre de Charles Kestner, ancien représentant du peuple en 1848 et en 1849, le beau-frère du colonel Charras, de Victor Chauffour et de Charles Floquet, l'ami d'un grand nombre de proscrits du 2 Décembre. L'ardeur de ses convictions le conduisit à Mazas, à Sainte-Pélagie, et le plaça sous le coup de la loi de Sûreté générale. Pendant la guerre, le gouvernement de la Défense nationale utilisa ses connaissances chimiques en le mettant à la tête de la cartoucherie de Cette. Nommé le 8 février 1871 député du Haut-Rhin, puis, au 2 juillet de la même année, député de Paris, et, en 1875, sénateur inamovible, il fut un des principaux collaborateurs de Gambetta, à qui l'attachait une étroite amitié, et joua un rôle actif comme agent de confiance de l'illustre patriote à l'Assemblée nationale et au Sénat.

Sur un grand nombre de points de l'histoire intime et peu connue du parti républicain, notamment sur les périodes critiques du 24 Mai, du 16 Mai et du boulangisme, son témoignage a une importance de premier ordre. Ses *Mémoires*, continués jusqu'au jour où une longue et cruelle maladie vint lui arracher la plume des doigts, exposent, avec une autorité qu'on aurait mauvaise grâce à contester, les origines de l'affaire Dreyfus, à la révision de laquelle il se voua tout entier, et s'interrompent seulement au duel du colonel Picquart et d'Henry.

Par la place qu'il occupait dans son parti, Scheurer-Kestner était en situation de beaucoup savoir, car Gambetta n'avait pas de secrets pour lui : son esprit scientifique lui faisait tout noter avec une précision rigoureuse. A son lit de mort il nous a confié ces *Mémoires*, avec mission de les publier à leur heure, « pour servir à la vérité historique », en nous laissant le soin de choisir cette heure. Nous estimons qu'elle n'est pas venue, au moins pour bien des chapitres du plus haut intérêt. Les événements dont il a enregistré les détails ignorés, les causes secrètes, sont récents; bien des hommes qui y ont pris part vivent encore. Mais il nous a paru que la première partie, celle qui a trait aux campagnes contre l'Empire, à la guerre de 1870-1871 et à l'établissement de la République, pouvait d'ores et déjà être donnée à peu près intégralement. Nous croyons devoir en entreprendre la publication, car les événements marchent vite à notre époque, et à la distance de trente-cinq ans la postérité commence.

Un moindre espace de temps sépare la révolution de Juillet des derniers jours de la Convention !

Cette publication honorera un bon citoyen, deux fois Français par la naissance et par l'option, qui fut avec Gambetta le dernier député de l'Alsace française, et qui, après avoir commencé par risquer sa liberté pour la cause de la République, finit par sacrifier sa haute situation, son repos et sa vie pour la cause de la vérité et de la justice. Cette vie tout entière consacrée à la science, au travail, au devoir et à la Patrie, mérite d'être proposée en exemple. Un pays produisant des hommes sans peur et sans reproche comme Scheurer-Kestner et comme ceux qui se sont groupés autour de lui à une heure tragique, peut envisager avec fierté le passé et avec confiance l'avenir.

MARCELLIN PELLET.

SOUVENIRS DE JEUNESSE

I

PROFESSION DE FOI D'UN RÉPUBLICAIN ALSACIEN.

Je n'ai pas la prétention d'écrire des *Mémoires*. Ma situation a été trop modeste dans la science, dans la politique et dans le monde en général, pour que je prétende jeter une grande lumière sur les événements auxquels j'ai pris part. Mais j'ai, depuis ma jeunesse, l'habitude de consigner par écrit les faits dont j'ai été le témoin, et, devenu vieux, je me plais à rassembler ces documents sous forme de *Souvenirs*.

Je suis resté par goût dans les « eaux moyennes ». Jamais je n'ai eu le prurit du pouvoir, sachant trouver un bonheur relatif, mais suffisant pour un homme bien équilibré, dans le travail, l'étude et les joies même limitées de la famille. J'ai résisté à la tentation de devenir un personnage politique, tout en me rendant compte que si j'avais apppliqué mes efforts à atteindre ce but, j'aurais pu devenir un ministre médiocre comme l'ont été, le sont et le seront presque tous les ministres. Mon instruction eût été suffisante, suffisante aussi ma facilité d'élocution. Mais mon ambition ne l'était pas.

Toujours la banalité m'a fait horreur. J'ai souvent assisté à la course au clocher ministérielle, et cela a suffi pour m'en dégoûter. J'ai vu tant d'enthousiasmes non justifiés, tant d'ostracismes immérités, que mon premier mouvement est de protester contre l'opinion générale. C'est chez moi un penchant naturel dont je retrouve la trace dans mes souvenirs de jeunesse. Lorsque je faisais ma classe de philosophie au gymnase protestant de Strasbourg (c'était un peu plus sérieux qu'aujourd'hui, où on nous prépare une génération de contremaîtres), on cherchait pour répondre à une des questions de l'examen du baccalauréat à nous prouver l'existence de Dieu en invoquant le consentement universel. A cette époque, je n'avais pas dix-sept ans, mais je me prenais pour un protestant convaincu et je trouvais indigne d'invoquer un pareil argument. Je pensais avoir d'autres preuves que l'humiliant *consensus omnium*, et cet argument n'a jamais pu pénétrer dans mon cerveau.

J'ai vu presque tout le monde courir après les

honneurs, les portefeuilles, les décorations, et j'ai été profondément blessé par le spectacle d'esprits supérieurs s'abaissant devant des médiocrités en place, écœuré de cette fièvre d'ambition qui rend les hommes envieux, égoïstes, féroces, et, par surcroît, ridicules. Redoutant cette hystérie parlementaire, je me suis tenu à l'écart, me disant : « Tu n'imiteras jamais ces gens-là. » Il y a aujourd'hui (1892) vingt et un ans que je suis membre du Parlement, et si je dois vivre encore, comme je le désire ardemment, car la vie est intéressante, je me le répète, « je ne serai jamais comme eux ».

Du reste, je crois que je n'en aurai plus ni l'occasion ni le temps. Me voilà presque un vieillard, je prends les manies de la vieillesse puisque j'ai plaisir à fouiller dans le passé, à évoquer mes souvenirs et à me replier sur moi-même. Au cours de ma carrière politique, j'ai eu quatre fois l'occasion de sortir de pair. Le 30 janvier 1871, Spuller m'a offert, au nom de Gambetta, la succession de Challemel-Lacour à la préfecture du Rhône. En 1876, M. de Marcère, ministre de l'Intérieur, qui était alors mon ami, m'a offert la préfecture de la Seine. Quelques mois après, Magnin, ministre des Finances, également mon ami, m'a proposé la succession de M. Denormandie à la Banque de France. Je lui rendis le service de refuser, car le bon Magnin ne gouvernerait pas aujourd'hui la Banque si j'avais accepté son offre. Enfin le 2 avril 1885, M. de Freycinet, au moment où il cherchait à constituer un ministère, m'écrivit un mot pour me demander un entretien. Je compris et je me réfugiai à Thann d'où je répondis : « Absent; du reste je ne veux pas être ministre ». Freycinet riposta : « Je n'ai encore vu personne de votre espèce ».

J'ai eu dans ma vie d'autres ambitions qui ne recevront plus satisfaction. J'ai toujours ardemment désiré d'appartenir à l'Académie des Sciences. Je le désirerais encore si je le croyais possible. Dans ma jeunesse, quand j'habitais Thann, je pouvais aspirer au titre de membre correspondant. Aujourd'hui il faudrait que je fusse membre titulaire et mes titres scientifiques ne me paraissent pas suffisants. Etre académicien libre ne me tente pas. Et puis il y a les visites, cette terrible brimade infligée aux nouveaux par les anciens qui, eux-mêmes, l'ont subie. Jamais je ne consentirai à perdre mon temps à de pareilles corvées dont le moindre défaut est de blesser des sentiments de dignité qui me paraissent respectables.

Donc, en disant adieu au monde, je ne regretterai même pas ce que j'aurais tant désiré. Je disparaîtrai sans amertume, heureux d'avoir concouru à la fondation de la République, quoique ce ne soit pas la République idéale que j'ai rêvée depuis mon adolescence. Je m'en irai avec des désillusions, mais plein d'espoir dans l'avenir de la Patrie. A partir du jour où j'ai reconnu que mes capacités étaient insuffisantes pour faire de moi un homme politique de premier rang, je me suis contenté de concourir au bien du pays dans la mesure de mes forces, de mettre à son service ma passion pour la justice. Je lui ai consacré tout ce que peut donner un homme de bonne volonté sans arrière-pensée personnelle.

J'ai eu une première jeunesse heureuse. Puis des revers de fortune ont assombri notre vie de famille, j'ai presque connu la pauvreté, mais cette épreuve m'a fait du bien et m'a aguerri, je le sens encore après quarante-sept ans.

Mes convictions religieuses m'ont abandonné de bonne heure. A vingt-deux ans, je n'en avais plus, et j'embrassai la doctrine matérialiste. La lecture des philosophes du xviiiᵉ siècle, parmi lesquels Diderot, eut une influence prépondérante sur mon esprit, débarrassa mon cerveau des idées qu'une éducation fausse y avait implantées. Je n'aimais pas Rousseau, j'adorais l'esprit de Voltaire; Diderot, d'Alembert et toute cette école d'hommes libres, aux espoirs hardis, tous ces novateurs qui avaient eu le courage de rejeter loin d'eux la défroque des vieux préjugés et préparé les voies à la démocratie moderne, furent mes éducateurs et mes maîtres.

Plus tard, je me ralliai au positivisme tel que le comprenait Littré. J'y resterai fidèle jusqu'à la fin de mes jours, à moins d'une modification de mon état mental due à une déformation cérébrale. Quoique j'aie rarement trouvé chez les autres le respect de mes convictions et même la plus simple tolérance, j'ai toujours respecté les leurs, quelles qu'elles fussent. Certains salons m'ont été fermés parce que mes enfants n'étaient pas baptisés. Le public imbécile me mésestimait pour avoir voulu laisser mes filles libres de leur choix jusqu'au jour où elles pourraient se prononcer en connaissance de cause. Ma mère, qui cependant était ce qu'on appelle une sainte femme et avait toutes les vertus d'une sainte alliées à une rare intelligence, me disait souvent : « Mon enfant, tu me fais beaucoup souffrir; mais je t'estimerais moins si tu te soumettais hypocritement à des idées que ta conscience n'admet pas ».

Grâce à l'éducation que je devais à mes parents, j'ai pu aborder de bonne heure et avec courage les difficultés de la vie. On m'avait inspiré le respect du travail que j'ai toujours aimé d'une véritable passion et qui me soutient encore à mon âge. C'est au travail que je dois mes plus grandes satisfactions.

Ce que j'aime par-dessus tout, ce sont mes enfants et mes petits-enfants. J'ai adoré mon père et ma mère, à l'égal l'un de l'autre. J'ai violemment aimé mes frères et mes sœurs; nous avons formé la famille la plus unie, et sous ce rapport la plus heureuse du monde. J'ai de bons et fidèles amis auxquels je rends leur affection et leur constance.

En pensant à ma jeunesse, il me semble qu'il s'agit d'une autre vie, tellement les mœurs, les usages et les manières de penser ont changé. J'ai fait mes premiers pas à l'école primaire de Mulhouse, où je suis né le 11 février 1833, dans la maison de mon grand-père. Je suppose que c'est vers 1840 que j'ai dû entrer à cette école où les maîtres parlaient allemand à leurs élèves. Le mien se nommait Wantz et me parlait français, car je ne savais pas un mot d'allemand. Ces hommes qui employaient la langue d'outre-Rhin aimaient la France avec passion, et aujourd'hui qu'un gouvernement maladroitement brutal impose l'usage de l'allemand, leurs fils détestent l'Allemagne.

Après avoir suivi les cours du gymnase à Strasbourg, j'obtins le parchemin appelé *Præstantissimum*, parce qu'il commençait par les mots *præstantissimum juvenem*... Ce parchemin ne m'empêcha pas de subir un formidable échec au baccalauréat ès lettres. Je menai ensuite la vie d'étudiant à Paris, attaché au laboratoire de Wurtz, qui devint plus tard mon ami fidèle, mon collègue au Sénat, et fut enlevé trop tôt pour la science.

Enfin, j'étais devenu homme. A l'âge de vingt et un ans, mon père me rappela dans sa fabrique d'impressions sur étoffes. Deux ans après, j'épousai Mlle Céline Kestner, dont j'étais éperdument épris, et je changeai de carrière en entrant dans la fabrique de produits chimiques de mon beau-père Charles Kestner. Mes convictions républicaines qui avaient pris naissance au contact de mon père, ardent phalanstérien, se fortifièrent dans ma nouvelle famille. Charles Kestner, ancien représentant aux Assemblées de la deuxième République, était un homme de valeur, droit et généreux. Sa femme était une maîtresse femme. Son gendre, Victor Chauffour, son ancien collègue à la Constituante, vivait en exil et était un érudit. Un homme jeune ne pouvait que gagner dans un pareil milieu et j'ai conscience d'avoir

profité de cette atmosphère dans laquelle j'ai res-
piré à pleins poumons.

Charras devint mon beau-frère en 1858. Sa
femme accepta d'aller partager et adoucir son exil,
d'abord à Zurich, puis à Bâle où il mourut, hélas!
dans la force de l'âge et du talent. Ce grand caractère a eu sur moi une influence décisive. J'ai
toujours pensé que s'il avait vécu en 1870, et s'il
n'avait pas été enfermé comme Denfert dans une
place forte, la guerre aurait pris une autre tournure. Son indomptable énergie, son courage à
toute épreuve, sa prudence et sa haute raison en
auraient fait un chef militaire très supérieur à
tous ceux que nous avait légués l'Empire. Qui sait
ce qu'il aurait fait de nos jeunes soldats, quel rôle
de premier ordre lui auraient confié le patriotisme fougueux de Gambetta et la clairvoyance de
Freycinet? Ces trois hommes réunis auraient
peut-être sauvé l'Alsace.

Charras, déjà en 1864, prévoyait la *campagne
sur le Rhin*, comme il disait, une campagne malheureuse, car il savait nos arsenaux vides et
notre armée insuffisante. La mort de Charras, en
1865, a produit sur moi l'impression que j'ai res-
sentie seize ans plus tard à la mort de Gambetta.
Je les ai aimés au même degré, et j'ai senti le
même vide en les perdant.

C'est en 1862 que j'ai fait mes premières armes dans la politique, que j'ai, pour la première fois, payé de ma personne. Une propagande républicaine un peu imprudente m'a valu plusieurs mois de prison et l'honneur peu enviable d'être placé sous le coup de la loi de Sûreté générale, cette loi d'amour qui permettait à l'Empire de déporter sans jugement ceux qu'elle visait.

Mes études scientifiques avaient commencé à me faire une réputation. En 1867, au moment de l'Exposition Universelle, mon ami, le professeur Hofmann de Londres, président du jury, m'ayant proposé pour la croix de la Légion d'honneur, je refusai, ce qui, à mon grand regret, refroidit pendant bien des années mes rapports avec le savant anglais. La même offre de décoration s'est renouvelée sous la République, à propos de l'Exposition de 1878. Je n'avais plus les mêmes motifs politiques qu'en 1867, mais je suis resté dans la tradition républicaine en refusant la croix, malgré l'aimable insistance de Teisserenc de Bort. Si je n'ai fait aucun cas de la Légion d'honneur, je me suis senti très honoré des récompenses qui m'ont été décernées par les Sociétés industrielles de Mulhouse et de Lille ; j'ai accepté avec reconnaissance un Grand Prix, à l'Exposition universelle de 1878, la présidence du jury de classe à celle de 1889 et la présidence de la Société chimique de Paris. Voilà mes décorations. Quant aux autres, le parti républicain d'avant 1870 les considérait avec raison comme antidémocratiques. Elles ont été et continuent d'être un moyen d'abaissement pour les caractères, sans compter que tous les coquins de haute marque ont toujours su se les procurer.

La guerre de 1870 est venue me surprendre au milieu de mes travaux. J'ai appris alors ce que sont les vraies angoisses : je sais maintenant ce qu'un homme est capable de supporter de douleur patriotique sans en mourir. Me voici maintenant lancé dans la vie parlementaire. Député du Haut-Rhin, puis de Paris, enfin sénateur inamovible, j'ai été entraîné par un tourbillon contre lequel j'ai peut-être eu tort de ne pas lutter. Il y a aujourd'hui vingt et un ans que j'y suis, et récapitulant ces vingt et une années, je reconnais que j'aurais mieux fait de rester un modeste électeur. J'ai rendu peu de services, et ceux que j'ai pu rendre ne sont pas proportionnés aux efforts qu'ils ont exigé de moi.

Un mot bien juste de Clemenceau me vient à la mémoire. Il y a quelques années de cela, il me disait : « La politique me fait l'effet d'un immense cabestan auquel sont attelés un grand

nombre d'hommes pour soulever une mouche. »
Clemenceau, qui a du talent, n'a pas toujours si
bien pensé ni si bien dit. Il est un des ouvriers
du cabestan, mais il ne s'en sert que pour des
résultats négatifs. Il renverse les ministres, ne se
doutant pas que ceux qui les remplacent ne va-
lent pas davantage. Nous ne pouvons demander à
des ministres républicains que de l'honnêteté et
de la sincérité. Le pays est là pour montrer ce
qu'il veut et le but à atteindre. Notre devoir est
de chercher à modifier son opinion quand elle
ne nous paraît pas saine, et de lui en donner une
quand il n'en a pas.

Au moins si je n'ai pas fait grand'chose en politique, suis-je certain de n'avoir jamais nui à la
République, et d'avoir quelquefois été de ceux
qui l'ont tirée d'affaire quand de maladroits amis
l'avaient mise en péril.

Me voilà en l'an de grâce 1892. J'ai cinquante-
neuf ans passés, de bons enfants, une notoriété
dont ma vanité s'accommode, d'excellents amis;
je cultive encore la science qui, comme à vingt-
cinq ans, me distrait des soucis industriels dont
je voudrais bien être débarrassé. Comme c'est impossible, je m'en console en disant: « Quand je
serai vieux... » oubliant tout à fait, trompé par ma
bonne santé et par ma bonne humeur, que vieux

je suis... En attendant, je rassemble ces notes. Je me figure qu'elles n'intéresseront pas que moi, que des mains de mes enfants, elles passeront dans celles de mes amis, si j'en ai encore, et des leurs dans celles du public. Je me fais probablement des illusions. Mais ces illusions, je les aime et les cultive, on ne me les arrache pas aisément, j'en ai besoin pour combattre la lassitude de la vie.

Quand paraîtront ces pages, si jamais elles doivent paraître, je dormirai de ce profond sommeil que la nature assure aux bons comme aux méchants.

ENFANCE ET ADOLESCENCE. — MULHOUSE ET THANN.
(1833-1848).

Je suis né à Mulhouse, le 11 février 1833, d'un père colmarien et d'une mère appartenant à une des plus vieilles familles de cette République de Mulhouse qui se donna librement à la République française en 1798. C'est à ma mère que je dois l'énergie un peu rude de Sundgovien dont mes amis, comme mes adversaires, ont eu quelquefois à souffrir. Je lui dois aussi le courage, que personne ne me refuse, de dire toujours ce que je pense.

Un de mes premiers souvenirs d'enfance est la visite d'un Parisien qui piqua vivement ma curiosité. Notre père appartenait à l'école phalanstérienne, ainsi que plusieurs grands industriels de Mulhouse. Ils invitèrent Victor Considérant à venir faire une conférence de propagande. Considérant, ancien élève de l'Ecole polytechnique, avait donné sa démission de capitaine du génie pour se vouer à l'apostolat fouriériste. Son arrivée fut pour mon frère Oscar, mon cadet de quinze mois, et pour moi, un événement considérable. Les conversations de la table de famille nous avaient initiés aux singularités de la doctrine de Fourier, sans oublier, bien entendu, la fameuse queue qu'elle nous promettait dans une vie future. Nous vîmes surgir chez nous un espèce de géant aux longues moustaches, mangeant et buvant comme une personne naturelle. Quant à sa queue, nous la cherchâmes en vain en tournant autour de lui.

Parmi les souvenirs de ma première enfance, il en est qui se rattachent aux progrès économiques les plus importants du xix° siècle. Trois se sont profondément gravés dans ma mémoire : l'emploi des allumettes à frottement, l'éclairage au gaz et surtout l'établissement des chemins de fer. Le hasard a voulu que l'introduction dans la pratique de ces trois découvertes se soit produite autour de moi dès les premières années de ma vie d'observation. J'ai vu encore l'allumage au briquet, l'éclairage des villes par des quinquets fumeux et le règne des diligences. Quand nos parents nous menaient en visite à Colmar, c'était en voiture, et une journée se passait à ce court voyage. L'emploi de la lampe à huile Carcel était un grand luxe. On sortait le soir précédé d'un domestique porteur d'une énorme lanterne. Plus tard, au collège de Thann, nous avions encore une chandelle en suif placée sur notre pupitre. Cette demi-obscurité favorisait bien des méfaits de collégiens. Je me souviens encore de l'admiration profonde avec laquelle nous vîmes flamber les premières allumettes à friction. Nous avions assisté à la construction de l'usine à gaz et à l'établissement de la ligne de chemin de fer de Mulhouse à Thann, proposée en 1836, à titre d'essai, par Cadiat, membre de la Société industrielle : à cette époque, il n'y avait en France que 146 kilomètres de voie ferrée répartis en plusieurs tronçons. Immédiatement, le député Nicolas Kœchlin fit entreprendre les travaux préliminaires, en s'adressant non au gouvernement, mais à l'initiative privée. Au bout de trois ans, le premier septembre 1839, la ligne de Mulhouse à Thann était terminée. La cérémonie d'inauguration eut lieu avec une grande pompe. La chronique prétend qu'il pleuvait à verse ce jour-là, mais mon impression fut si vive et sans doute mon attention si absorbée, que lorsque je pense à cette importante cérémonie, je la vois à travers des rayons de soleil.

2.

Le train, qui emportait à Mulhouse les gros bonnets de la vallée de Wesserling, mit dix-sept minutes à franchir 21 kilomètres, soit 74 kilomètres à l'heure, une jolie vitesse pour les rails et les machines du temps. Le mécanicien avait quelque peu perdu la tête, mais les voyageurs crurent que cette course folle était la vitesse normale. La fête officielle eut lieu dans la gare de Mulhouse. J'étais assis sur les gradins au premier rang avec mon grand-père Rott, au milieu des autorités civiles, militaires et religieuses. Mon père figurait sans éclat parmi les voltigeurs de la garde nationale. Les locomotives, ornées de guirlandes de feuillage, défilèrent pour le baptême. L'esprit frondeur des Mulhousiens s'était manifesté en donnant à l'une d'elles le nom de *Napoléon*. Cette cérémonie eut un côté risible que je goûtais fort. Le prêtre, trop éloigné pour arriver jusqu'aux machines avec son eau bénite, les aspergeait à distance au moyen de l'instrument redouté de M. de Pourceaugnac. Le matériel roulant manquait de confortable : ni chauffage, ni éclairage dans les wagons de 1re classe ; ceux de 3e n'étaient même pas couverts.

J'ai parlé tout à l'heure de mon grand-père maternel Rott, à la situation duquel nous avions dû d'assister en bonne place à la fête de l'inauguration. C'était un homme intelligent, serviable, très aimé dans sa ville natale. Il appartenait à la tribu dite des Tailleurs de l'ancienne bourgeoisie de Mulhouse. A peu près sans fortune, après avoir fait un apprentissage dans une fabrique de rubans de soie, il fonda une usine de teinture et d'impression en rouge turc. Cette fabrique prospéra, et mon grand-père devint premier adjoint du maire André Kœchlin. Sa bonté et sa bienfaisance étaient proverbiales, la maison ne désemplissait pas de mendiants. Il avait épousé une orpheline d'origine suisse, recueillie à Mulhouse après une inondation où toute sa famille avait péri. C'était un orléaniste invétéré, grand admirateur de M. Guizot. Il se trouvait gravement malade quand mourut le duc d'Orléans, et on n'osa pas lui annoncer cette nouvelle. Il expira peu de temps après. Ses funérailles donnèrent lieu à une imposante manifestation. Tout Mulhouse y assista, tous les mendiants, les estropiés et les loqueteux du pays s'y étaient donné rendez-vous. Un jeune professeur de musique, nommé Jungnickel, avait composé pour la circonstance une marche funèbre que joua la musique de la garde nationale.

Mon grand-père paternel, Daniel Scheurer, retiré de bonne heure d'un commerce d'épicerie en gros, vivait de ses rentes dans une vieille maison de Colmar. Il appartenait à une famille convertie au protestantisme dès le milieu du XVIe siècle, dont le blason bourgeois portait « de gueule à une grange d'or ». C'étaient des armes parlantes, Scheurer en alsacien signifiant propriétaire de grange. Il y a eu plusieurs générations de pasteurs parmi nos ascendants.

Mon père transporta à Thann, en 1842, sa fabrique d'impressions sur étoffes. Mais bientôt un désastre vint engloutir son patrimoine et celui de sa femme, ainsi que la fortune de son associé. De pareils désastres n'étaient pas rares à cette époque dans l'industrie alsacienne. Au cours de la première moitié du siècle dernier presque tous les fondateurs des grandes maisons ont connu ces crises et les ont surmontées avec une admirable énergie. Les porteurs des grands noms alsaciens ont toujours fait honneur aux engagements de leurs ascendants quand la fortune a recommencé à leur sourire : jamais ils n'ont désespéré. On ne connaissait pas alors les moyens modernes de donner à l'industrie une force financière presque invulnérable; les sociétés anonymes n'étaient pas inventées et les chefs de maisons ne pouvaient compter que sur leur crédit personnel.

J'avais neuf ans quand mes parents abandonnèrent l'ancienne usine de mon grand-père de Mulhouse pour prendre possession de celle de Thann, et s'installèrent avec nous dans une petite maison placée à l'endroit le plus resserré de la vallée. C'était pour nous, enfants, un véritable paradis en comparaison de la cour fermée et même du beau jardin de Mulhouse. A Thann, plus de grilles, la liberté pleine et entière, les montagnes à deux pas, point de longues rues à traverser pour gagner la campagne, la rivière, les bois, la prairie. Ainsi devînmes-nous promptement de vrais sauvages, avec des huttes dans la montagne, des cachettes pour déposer et faire mûrir les fruits verts cueillis un peu partout chez les voisins, des baguettes engluées pour prendre des mésanges, des lignes pour les vérons dont nous fournissions la table paternelle, toutes choses inconnues à Mulhouse où le canal, avec son bassin d'eau croupie et son rideau monotone de peupliers ne pouvait pas donner même l'illusion de la nature. Nous étions heureux de cette nouvelle vie, et nos camarades, presque tous en haillons, pieds nus, qui nous avaient initiés à ce bonheur, nous semblaient autrement intéressants que les petits messieurs du chef-lieu. Voilà comment mes frères et moi nous sommes devenus de véritables Thannois, amoureux de notre ville, de ses vieilles murailles, des ruines du château d'Engelbourg, de la magnifique cathédrale gothique au style si pur. Il y a vingt-trois ans aujourd'hui que le fifre prussien a retenti pour la première fois dans notre chère vallée. Il y a vingt-trois ans que je vis dans l'inquiétude, me demandant chaque matin si nos vainqueurs ne m'expulseront pas. A deux reprises, ils m'ont éloigné par ordre, mais je suis revenu comme un chien battu, chassé, qu'on retrouve dans sa niche le lendemain. Depuis lors les Allemands m'ont laissé tranquille, se bornant à de passagères et ridicules vexations, comme le refus d'un permis de chasse. Tant qu'ils ne m'auront pas expulsé en bonne et due forme, et je leur rendrai cette mesure malaisée, ils me verront revenir toujours dans mon pays qui n'est pas le leur, au milieu de mes concitoyens qui ne sont pas les leurs.

Thann possédait alors un petit collège communal où une centaine d'enfants faisaient leurs études jusqu'en philosophie. Un principal d'une rare intelligence, qui a terminé sa carrière à la Faculté des Lettres de Strasbourg, M. Lelièvre, avait donné une certaine vogue à cet établissement où les études classiques furent malheureusement supprimées quand l'Empire eut, parmi tant d'autres, l'idée malheureuse de la bifurcation. Les mœurs et les habitudes du collège de Thann, avant 1848, étaient celles du temps passé. A cette époque les ennemis de la société moderne n'avaient pas encore réussi à s'emparer d'une partie de la jeunesse, à constituer une nouvelle France dans la France de la Révolution. Sous le règne de Louis-Philippe l'enseignement secondaire était monopole d'Etat. C'est malheureusement au régime républicain que nous sommes redevables de la funeste liberté de l'enseignement. Elle a créé des divisions religieuses qui n'existaient pas auparavant.

Mon frère et moi étions de détestables élèves du collège, mais nous apprenions bien des choses utiles, grâce à la liberté qu'on nous laissait, notre père par principe, et notre mère par nécessité, car elle était trop occupée à la maison pour nous surveiller de trop près. Pendant que nos camarades apprenaient par cœur les inepties du *Jardin des Racines Grecques*, nous faisions des collections d'insectes, de pierres, de plantes, de vieilles monnaies : leçons de choses que nous nous donnions à nous-mêmes et que nous complétions en travaillant dans les ateliers de la fabrique, à la menuiserie, à la forge, surtout au laboratoire de chimie. Tout cela n'allait pas sans quelque désordre, cuisine clandestine

dans les chaudières, fritures faites au laboratoire
avec des œufs pris au poulailler. Au milieu de
ces « nombreuses occupations », — c'est le nom
dont nous décorions nos plaisirs variés, — l'art
n'était pas négligé. On nous infligeait des leçons
de piano, de chant, de dessin, et nous nous con-
damnions nous-mêmes à des délassements artistiques plus amusants, tels que le moulage en
plâtre de nos figures respectives. Malgré la couche
d'huile dont on se badigeonnait la peau et les
tuyaux de plumes introduits dans nos narines, il
nous est arrivé parfois des accidents comiques,
comme le jour où un des dessinateurs de la fabrique laissa sa belle barbe dans le plâtre qu'il
nous fallut enlever avec une lame de couteau,
après de longs efforts douloureux pour le patient.
En été, nous avions d'interminables baignades
dans la Thur, dont on ne sortait pas alors avec
la peau multicolore comme aujourd'hui.

Le souvenir le plus douloureux de ma jeunesse
est l'incendie qui, le 28 janvier 1848, détruisit
notre fabrique. Mon père, après des années dé-
sastreuses, s'était séparé de son associé. Ses
affaires devenaient plus prospères depuis deux
ans, et la tranquillité, sinon l'aisance, rentraient
peu à peu au foyer. Nous ne voyions plus les yeux
rougis de notre mère à la fin du mois et le lait

et les pommes de terre étaient accompagnés
d'un plat de viande. Le bonheur semblait vouloir
nous revenir quand, dans la nuit du 27 au
28 janvier, nous fûmes réveillés en sursaut par
la cloche d'alarme de l'usine. En quelques
heures les ateliers principaux étaient détruits.
Cette nuit fut atroce. A tous moments, on venait
nous annoncer les progrès faits par le feu. C'était
l'écroulement de nos espérances, la ruine complète. Le lendemain, nous étions à table avec
nos parents qui ne disaient mot ; leurs figures
ravagées parlaient assez. Mais la contrainte ne
put durer, et quand mon père nous eut dit :
« Mes enfants, je ne sais ce que nous allons devenir », nous fondîmes tous en larmes. Cette scène
fit de moi un bon élève. Je travaillai avec acharnement jusqu'à la fin de mes études.

La date de cet incendie, survenu un mois avant
la Révolution du 24 février, fit de ce sinistre l'origine de la fortune de mon père. Pendant que tous
les industriels de la région subissaient des pertes
énormes par suite de l'avilissement des prix,
mon père put reconstruire son usine grâce aux
indemnités considérables que lui versèrent les
Compagnies d'assurances, à une époque où l'argent était rare. Lorsqu'à la fin de l'année 1848,
les affaires reprirent si brillamment, nous avions

une usine toute neuve, très supérieure à ce qu'elle
était auparavant (1).

La Révolution de 1848 avait comblé les vœux
de mon père. Depuis des années je l'entendais
s'indigner contre le régime orléaniste et la corruption censitaire. Nous autres enfants ne savions
trop que penser, car on nous avait appris au
collège que la Terreur était inséparable de la
République. Le nouveau régime fut proclamé en
classe par le principal, Amberger, phalanstérien
comme mon père. Un élève seul osa applaudir,
c'était Gerspach, qui, après avoir été le collaborateur de Maurice Richard, ministre des Beaux-
Arts sous l'Empire, a dirigé la Manufacture des
Gobelins.

La République militarisa quelque peu notre
vieux collège. Nous fûmes dotés d'une musique
et d'un drapeau tricolore. Ce drapeau m'a causé,
bien des années plus tard, une profonde émotion. C'était en 1879 ; mon ami Lepère, ministre
de l'Intérieur, fut appelé à présider à Montbéliard,

(1) A cette occasion je citerai un fait étrange. Mon père qui se
préoccupait à cette époque des questions de magnétisme et de
seconde vue, était parti pour Paris vers le 23 janvier. Au milieu
de la nuit, dans la diligence, il eut l'idée que sa fabrique brûlait.
L'obsession fut si vive et si pénible qu'il ne put continuer son
voyage et rentra à Thann, où il trouva tout en ordre et nous
fort tranquilles. Il se coucha complètement rassuré. La nuit
suivante l'incendie éclata.

le 21 septembre, l'inauguration du monument élevé à Denfert-Rochereau. Il me proposa de l'accompagner, offre que j'acceptai avec empressement, car, après la cérémonie, nous devions nous rendre ensemble à Belfort, c'est-à-dire en Alsace. Le parcours de Montbéliard à Belfort fut une succession d'ovations. A Danjoutin, la dernière étape, le Conseil municipal vint saluer le ministre. Pendant la réponse de Lepère je remarquai, sur un drapeau tricolore arboré à une fenêtre, les mots *Collège de Thann*. C'était notre vieux drapeau conservé par M. Ruhlmann, le dernier principal français.

III

LE GYMNASE DE STRASBOURG EN 1848. — LE LABO-
RATOIRE DE WURTZ. — MON MARIAGE (1856). —
MARIAGE DE CHARRAS (1858).

Ma famille décida que j'irais terminer mon éducation au dehors. Mon père penchait pour Paris
et le collège Henri IV. Ma mère tenait pour le
Gymnase protestant de Strasbourg, externat dont
les élèves étrangers habitaient en ville chez les
professeurs. Ce système d'éducation est aujour-
d'hui préféré à l'internat par tous les pédagogues.
Mon père, quoique libre penseur, se rendit au
vœu maternel, estimant que l'éducation protes-
tante est au point de vue moral supérieure sans
conteste à l'éducation catholique.

Le gymnase de Strasbourg, datant du xvi⁰ siècle, avait conservé son caractère particulier avec
des mœurs patriarcales. La plupart de nos professeurs, pasteurs ou anciens pasteurs, étaient des
types fort originaux. On cultivait avec passion les

lettres dans l'ancien couvent de Saint-Thomas, mais surtout le latin et le grec. Nos maîtres, très au courant de la culture allemande, se regardaient comme placés en avant-poste à la frontière de l'Est. Quoique écrivant volontiers en allemand, ils pensaient toujours en français. Nous les avons vus, après 1870, donner l'exemple de la fidélité à la patrie.

Les études étaient très fortes, surtout dans les classes supérieures. Les professeurs, malgré leur originalité, se montraient éducateurs parfaits. Notre professeur de sciences, le « père Munch », physicien distingué, oublia complètement une année d'enseigner la chimie à ses élèves. Il fallut en deux mois réparer cet oubli en mettant les morceaux doubles. Engelhardt, père du futur conseiller municipal de Paris, chargé du cours d'histoire était, je crois, le seul professeur non théologien. A ce titre il ne craignait pas d'émailler ses leçons d'exclamations plutôt soldatesques. Nous avions un maître de mathématiques admirable, mais d'une naïveté proverbiale. On lui manquait parfois de respect, et il nous disait : « Quel dommage que je ne puisse vous mettre tous à la porte avant de commencer ! » Certains professeurs nous désopilaient en mélangeant le français et l'allemand, ou en prononçant le francais, qu'ils écrivaient très purement d'ailleurs, avec un accent alsacien qui eût déridé un condamné à mort. Je me souviens d'une scène inénarrable entre le savant père Muuch et le portier chargé de réparer les instruments de physique. On eût dit un vaudeville du Palais-Royal. Je vois encore le portier laissant sa pipe avant d'entrer en classe, en tirant une grosse bouffée pour l'empêcher de s'éteindre, et refusant péremptoirement de retaper la machine d'Atwood sous prétexte qu'il avait à monter pour un client pressé une canne à pêche.

Je donne un souvenir reconnaissant au professeur de philosophie M. Kampmann, chez qui j'étais pensionnaire; à M. Kreiss, professeur de grec, un petit bossu qui pour le travail exigeait « peu, mais bien ». Comme professeur de français, on avait l'habitude, à cause du terrible accent local, de faire venir de Montauban des pasteurs en disponibilité. Et quels bons professeurs que tous ces Olibrius, s'intéressant individuellement à chacun de leurs élèves, les suivant de près, leur donnant des conseils après la classe et les faisant au besoin venir chez eux ! Durant mes trois années de Strasbourg j'ai travaillé pour ma part comme un nègre : le jeune cancre de 1847 était devenu méconnaissable. A ma rentrée à

Thann, en 1851, j'étais amaigri, fourbu, la taille déjetée, ne m'étant donné que cinq à six heures de sommeil par nuit, mais je rapportais les plus brillants certificats de mes maîtres. Cela ne m'empêcha pas, hélas ! d'échouer quinze jours plus tard à l'examen oral du baccalauréat ; j'étais le premier de ma classe en physique et en chimie, et c'est sur ces matières justement que j'échouai. Le dépit me fit commettre une lourde faute. Je renonçai à me représenter, encouragé dans cette détermination par mon père qu'indignait ce qu'il croyait être un déni de justice. Je le regrettai plus tard, car cet échec m'a empêché d'être licencié et docteur ès sciences.

Mes études classiques ainsi terminées, mon père, qui me destinait à la chimie industrielle, songea à me faire entrer dans un laboratoire de Paris. Mais il voulut que je travaillasse d'abord dans les ateliers de sa fabrique d'impression sur étoffes, afin que je pusse donner à mes nouvelles études une direction pratique et utile. Je passai donc l'année 1851-1852 à Thann, pour me mettre au courant des besoins chimiques de notre industrie.

Dans l'automne de 1852 j'allais à Paris, au laboratoire de la rue Garancière, fondé par Wurtz, Verdeil et Charles Dollfus-Galline. La tentative de cette réunion de la science et de l'industrie était intéressante, mais elle ne réussit pas. En 1853, le laboratoire de la rue Garancière ferma ses portes, et Wurtz qui m'avait pris en amitié m'offrit de le suivre à son laboratoire de l'École de Médecine; je fus pendant quelque temps son unique élève.

Wurtz était vif comme la poudre, gai et content de vivre, distrait de la distraction des préoccupés, se parlant à lui-même tantôt à voix basse, tantôt tout haut, d'une mobilité d'expression incroyable, mâchant du papier, jetant ensuite, sans s'en douter, les boulettes au plafond ou sur ses appareils. Lorsqu'il était sous une bonne impression, il chantait à tue-tête, d'une jolie voix, le *Virginum prœclara* du *Stabat mater* de Rossini. C'est ainsi que j'assistai à sa découverte de l'acide cyanurique. *Bonus filonus ! Bonus filonus !* disait-il en travaillant à ses ammoniaques composées.

Le soir, il recevait souvent la visite de son ami et compatriote Gerhardt, dont le laboratoire était voisin, rue Monsieur-le-Prince. Spectacle curieux que celui de ces deux hommes discutant, avec une passion égale, des questions de molécules, d'atomes, de groupements ! On aurait dit un duel à mort. Violents tous les deux, Gerhardt surtout, ils s'emparaient tour à tour des tableaux noirs de l'amphithéâtre, cherchaient à se convaincre mutuellement, n'y arrivant jamais, et se quittaient après cette passe d'armes, couverts de sueur, les meilleurs amis du monde.

Wurtz cherchait à imiter son maître, J.-B. Dumas, dont l'élégance de langage était remarquable. Un léger accent strasbourgeois donnait un caractère original à son élocution pompeuse ; son cours était très suivi et très apprécié. Je fus même quelque peu scandalisé d'entendre les applaudissements qui saluaient l'entrée du professeur.

Au moment des vacances, je fis mes adieux à mon cher maître, qui plus tard devint mon intime ami. Il chercha à me retenir auprès de lui : mais mon père entendait que je me misse en mesure de gagner ma vie. Il me rappela à Thann.

Je restai deux ans auprès de lui. Le 2 février 1856, eurent lieu mes fiançailles avec Mlle Céline Kestner, fille de l'ancien représentant du peuple de 1848, et j'entrai dans l'usine Kestner. La direction de mes études était changée : au lieu de m'occuper de l'application de la couleur sur étoffes, je me mis à la fabrication des produits chimiques. C'était un supplément d'instruction scientifique à acquérir ; pendant un séjour que la famille de ma fiancée fit à Paris (1856), j'entrai au laboratoire d'Emile Kopp qui avait remplacé Gerhardt rue Monsieur-le-Prince. Gerhardt venait d'être nommé professeur à la Faculté des Sciences de Strasbourg. Longtemps il avait été en butte à l'hostilité de J.-B. Dumas, homme supérieur, mais d'un caractère despotique : or, Gerhardt, qui n'a jamais su faire aux préjugés ni même aux nécessités de la vie le moindre sacrifice, n'était pas un courtisan. Le jour pourtant où il présenta à l'Académie des sciences son mémorable travail sur l'acide acétique anhydre, Dumas, qui, malgré son autoritarisme, avait un fond de bonté et de justice, fut vaincu. Il fit offrir à Gerhardt la chaire de Strasbourg que Pasteur venait de quitter.

Il est difficile de rêver un professeur plus mal doué que notre grand Pasteur à cette époque; il bégayait, ânonnait, cherchait ses phrases et ses mots qu'il trouvait au prix des plus pénibles et des plus visibles efforts. « Euh ! Euh ! » faisait-il entre chaque mot, et les élèves l'accompagnaient du même ton « Euh ! Euh ! » Le pauvre Pasteur, timide, gêné, n'osait lever les yeux ni paraître entendre le cruel accompagnement dont chacune de ses phrases était scandée. On eût bien étonné, à cette époque, les élèves et même les professeurs de Strasbourg si on leur avait annoncé que Pasteur serait un jour une des plus hautes gloires scientifiques de la France et du monde. Quelle force de volonté fallut-il à l'illustre savant pour se guérir de cette terrible infirmité !

Je travaillais beaucoup, je travaillais trop depuis mon mariage ; levé tous les matins avant six heures, ce n'est qu'à minuit que je laissais tomber ma plume ; je rêvais de l'Institut, et je passais mes loisirs plongé dans les recueils scientifiques, j'avais réellement le diable au corps. Ma santé en souffrit bientôt. En dehors des incidents ordinaires de la vie, de 1858 à 1860, je n'ai à signaler que le mariage de Charras. Charras était en visite près de Bâle, chez mon beau-frère, Victor Chauffour, exilé comme lui, quand il fit connaissance de sa future femme, Mathilde Kestner. Le mariage fut bientôt décidé. Il eut lieu, le 30 octobre 1858, à Zurich, où Charras était fixé, en présence de notre famille et de quelques amis fidèles. A cette époque, il n'y avait à Zurich, en fait d'actes d'état civil, que ceux dressés dans les églises. Les futurs époux ne purent se marier civilement ainsi qu'ils l'eussent désiré. On s'adressa à un pasteur protestant, comme représentant une religion plus compatible avec les idées de liberté.

Mon beau-père avait loué pour la noce l'Hôtel Bauer au Lac. Les convives étaient nombreux, tous bien heureux d'un mariage qui « asseyait » Charras, celui de tous les proscrits sur lequel on comptait le plus, car il passait avec raison pour unir à une intelligence de premier ordre une indomptable énergie. Il y avait là les frères Chauffour, le D^r Jœnger de Colmar, Ferdinand Flocon, habitant alors Zurich, Marc Dufraisse, Philippe de Boni, ancien constituant romain, depuis membre de la Chambre des députés italienne, le physicien Walferdin, l'éditeur de Diderot, le collectionneur qui a « découvert » Fragonard, Etienne Arago venu d'Italie, le fidèle Lesueur, ancien officier d'ordonnance de Charras, dévoué jusqu'au delà du tombeau. Au dessert, un orchestre joua *la Marseillaise*. Les larmes coulèrent de tous les yeux à cette évocation de la patrie absente. Arago lut des vers dans lesquels il comparait Charras à un autre proscrit, également homme d'épée et homme de plume, Agrippa d'Aubigné. Marc Dufraisse porta un toast à la Liberté, Ferdinand Flocon but aux citoyens morts pour la République, et nous bûmes tous au réveil de la France démocratique. Marc Dufraisse a rendu compte de cette touchante cérémonie dans *le National* de Bruxelles.

IV

Après le coup d'Etat, les représentants du
peuple, d'abord emprisonnés à Mazas, furent
conduits à la frontière. La plupart avaient l'intention de se fixer en Belgique, mais le ministre
belge Rogier eut la faiblesse de les expulser sur
la mise en demeure de Louis-Napoléon. Barbès,
Bedeau, Charras, Lamoricière se réfugièrent en
Hollande ; d'autres rejoignirent à Londres Ledru-
Rollin, qui y résidait depuis l'équipée du Conser-
vatoire des Arts et Métiers (13 juin 1849). Beaucoup, comme Flocon, Marc Dufraisse, Barni,
Etienne Arago et mon beau-frère, Victor Chauffour, gagnèrent la libre et hospitalière Suisse.
Mon beau-père, Charles Kestner, avait été trans-

porté à Bâle. Il obtint de rentrer en Alsace, en menaçant le préfet du Haut-Rhin de fermer ses usines de Thann.

Charras, fixé à Zurich depuis son mariage avec ma belle-sœur Mathilde, obtint l'autorisation de s'établir à Bâle, sur la frontière française. Autour de lui se groupèrent un grand nombre de proscrits français et italiens, ces derniers victimes de la contre-révolution de 1849. Il devint l'ami de Mazzini, et un des chefs les plus écoutés des républicains proscrits de toute nationalité. Charras était né chef de parti, énergique, avisé, élégant, sympathique sans pose, gai, spirituel, extraordinairement séduisant. Ni les hommes ni les femmes n'échappaient à sa fascination. D'une extrême bonté sous des apparences de brusquerie, il n'aimait pas qu'on jouât au plus fin avec lui. Jules Simon et quelques autres l'apprirent à leurs dépens.

Je me souviens d'une visite que Garnier-Pagès lui fit au moment où il se préparait à devenir candidat, en 1863, et à prêter le serment exigé par l'Empire. Garnier-Pagès était d'abord venu à Thann sonder Kestner et Chauffour; il eut peu de succès. Sur sa demande je l'accompagnai à Bâle chez Charras, dont il sollicitait non pas l'appui, mais la neutralité, et j'assistai à une conversation de quatre heures au cours de laquelle l'ancien ministre des finances de 1848 « lâcha » misérablement ses amis Guéroult et Havin. L'entrevue fut d'un haut comique ; Garnier-Pagès sentait bien que Charras ne le prenait pas au sérieux, et Charras jouait avec ce vieil enfant comme un chat avec une souris. Le candidat eut un mot admirable : « Vous ne voyez donc pas, mon bon (c'était son expression favorite) l'effet, non seulement chez nous, mais en Europe quand on pourra dire : Garnier-Pagès monte à la tribune ! » (*sic*).

Les candidats de l'opposition devaient tous représenter le spectre du 2 Décembre au Corps législatif. Les « spectres » couraient les rues de Paris, il y en avait même quelques-uns en province. Mon ami Pelletan m'écrivait à cette époque : « ... Le gouvernement demande l'abstention. Il y a, comme vous dites, ce diable de serment... Ce n'est qu'une humiliation, un fossé boueux, suivant votre expression. Mais il n'y a pas de militaire qui ne traverse un fossé pour aller attaquer l'ennemi de l'autre côté. » Charras exerçait une immense influence sur les hommes du parti républicain. On redoutait sa verve caustique, sa désapprobation. Jules Simon cherchait à endormir la vigilance des proscrits ; il attendit au dernier moment pour se découvrir, entourant Charras de la toile d'araignée de ses protestations hypocrites. On a peine pourtant à comprendre les démarches faites par des hommes résignés à prêter serment à l'Empire auprès de celui qui avait répondu au décret d'amnistie de 1859 par la protestation suivante :

« *A Louis Bonaparte*,

« Vous décrétez une amnistie. Vous pardonnez à ces milliers de citoyens depuis si longtemps jetés par vous sur la terre étrangère, par vous tenus à la gêne sous le climat meurtrier de l'Afrique, dans les marais empestés de Cayenne.

« Ils défendaient contre vous la Constitution issue du suffrage libre et universel, cette Constitution qui avait reçu votre serment solennel de fidélité et que vous avez trahie. C'est pour cela que naguère vous les avez frappés. Maintenant vous les amnistiez. Le criminel pardonne à ses victimes. Vous deviez emprunter ce nouveau trait aux Césars de Rome dégénérée.

« Devant l'opinion publique, devant l'histoire, je ne veux pas me prêter à ce perfide renversement de rôles. A qui viola la loi il n'appartient pas de faire grâce à qui la défendit.

« Votre amnistie est un outrage à ceux qu'elle atteint. Elle cache un piège, un guet-apens, comme chacune de vos paroles, chacun de vos serments ; cela ne me touche pas.

» Mais le Représentant du Peuple que vous avez violenté, emprisonné, banni, l'officier que avez spolié, moi que vous avez persécuté jusqu'à la terre d'exil, je le déclare, je ne vous amnistie pas.

« Je ne vous pardonne pas la mort des quinze mille Français massacrés en décembre, dévorés par vos prisons et vos bagnes, par les misères et les chagrins de l'exil.

« Je ne vous pardonne pas l'attentat à la Constitution que vous aviez jurée, la destruction de la République qui vous avait rendu une patrie.

« Enfin, je ne vous pardonne pas d'avoir déshonoré le suffrage universel par la fraude et la terreur, d'avoir asservi et de démoraliser systématiquement mon pays.

« Certes, loin de la famille, loin de la patrie, la vie a bien des amertumes, mais elle serait plus amère encore dans la servitude.

« Le jour où la liberté, le droit, la justice, ces augustes bannis, rentreront en France pour vous infliger le plus mérité des châtiments, j'y rentrerai. Ce jour est lent à venir, mais il viendra, et je sais attendre.

« CHARRAS. »

Je possède la minute autographe et signée de cette lettre. Au quatrième paragraphe au-dessus des mots : « Votre amnistie est un *outrage* à ceux qu'elle atteint... » Charras a mis de sa main « Un *danger pour* ceux... »

Ce document fameux a été publié par les journaux de la proscription. Je crois inédite la lettre suivante, où l'on trouve exprimés les mêmes sentiments sous une forme presque identique, lettre écrite à Persigny, ministre de l'Intérieur, au lendemain du coup d'Etat pour refuser de prêter le serment imposé aux membres de tous les corps élus. Charras m'a aussi donné la minute autographe et signée, mais non datée, de cette pièce adressée au pays par-dessus la tête du ministre. La voici :

« *A M. Fialin de Persigny, ministre.*

« Le proscrit auquel la République a rendu une Patrie et qui a détruit la République; le Président qui a juré fidélité à la constitution issue du suffrage universel libre et qui a menti à son serment; le conspirateur qui a usurpé le pouvoir absolu par la fraude, la corruption et la violence ; le despote qui a ruiné, banni, emprisonné, déporté et massacré des milliers de citoyens français, a osé faire une constitution et l'imposer à la France, en prétendant avoir puisé son droit dans le scrutin du 20 décembre, comme il prétend aussi y avoir trouvé l'absolution de son parjure et de ses crimes. Quelle audace ! ce vote peut-il avoir trompé personne ! ! !

« Emis en l'absence de toute liberté, sous l'empire de la terreur, et uniquement contrôlé par des complices, il est frappé de nullité et condamné par la conscience publique. L'histoire lui réserve la première place parmi les plus audacieuses fourberies que jamais gouvernement ait tentée en aucun temps, en aucun pays.

« Membre du Conseil général du Puy-de-Dôme, on me demande un serment de fidélité à Louis-Napoléon Bonaparte et à la Constitution.

« L'homme du 2 Décembre, celui qui a donné le plus insigne exemple du manque à la foi jurée, exiger des serments ! En vérité, un pareil trait manquait aux annales de notre temps !

« Je n'ai pas à rappeler ici les violences commises contre le représentant du peuple, la spoliation exercée contre l'officier de l'armée : qu'est-ce que cela devant les malheurs de la patrie, devant les douleurs et les crimes accumulés par la terreur bonapartiste ?

« L'amour de la liberté, l'amour de la Patrie, le sentiment de l'honneur national parlent seuls à mon cœur et dictent ma réponse : à un gouvernement sans nom, sans foi, sans honneur et sans probité, les hommes de cœur ne doivent que la haine et le mépris.

« Je refuse le serment.

« Pour les républicains il n'est qu'un engagement à prendre, celui-là je l'ai pris : c'est de hâter de tous leurs efforts le moment où la France brisera le joug odieux qui lui a été imposé en un jour de surprise et de défaillance par une poignée de bandits qui pillent le trésor public et déshonorent le drapeau français, et jusqu'au nom de la Patrie.

« Le lieutenant-colonel Charras. »

Après mon arrestation du 25 février 1863, dont je parlerai dans un autre chapitre, j'écrivis à Charras pour lui dire que « travaillant avec lui » ma seule crainte était de lui nuire, et de provoquer peut-être indirectement, de la part du gouvernement français, la demande de son éloignement de Bâle.

« Cher ami, me répondit-il, je te remercie de

la communication. Ne crains pas ma malédiction. Si je savais bénir je t'enverrai plutôt ma bénédiction. Mais je suis inhabile à cet exercice où excellait Robert Macaire. Tu as été imprudent, c'est de ton âge, c'est le défaut de l'aimable jeunesse. Mais vaut mieux mille et mille fois un peu d'imprudence que la prudence qui ne fait rien et empêche d'agir. Tu portes du reste si bien, d'une façon si « comme il faut », le poids de l'imprudence commise, que j'en suis ravi comme frère et comme citoyen... »

Pour faire apprécier le caractère enjoué de Charras, je citerai ce fragment d'une lettre qu'il m'écrivait, le 4 octobre 1864, de Wiesbaden où j'étais allé passer quelques jours auprès de lui avec ma femme et ma fille Jeanne : « Les bains ont fait grand bien à ma bien-aimée femme, mais il a fallu y renoncer à cause de la disparition du soleil. L'Astre brillant de l'Univers, pour parler comme ce cuistre de Jean-Baptiste Rousseau, ayant sans doute affaire ailleurs, ne travaille plus pour Wiesbaden. Tu peux dire à Jeanne que cette absence n'empêche pas les ânes de trotter. L'un d'eux même s'est arrêté, il y a quelques jours, devant le balcon et m'a demandé dans sa langue naturelle des nouvelles de Jeanne Scheurer. Que si celle-ci te demande comment j'ai pu comprendre cette question, dis-lui que j'ai appris la langue des ânes à force de lire le *Constitutionnel*, la *Patrie* et autres journaux impérialistes depuis que je suis ici... »

Dans les nombreuses conversations que j'ai eues avec Charras, il m'a raconté bien des anecdotes sur les événements et les hommes de 1848 à 1851 ; je regrette de ne pas les avoir notées, car elles éclaireraient certains points d'histoire restés obscurs. Lorsque Charras fut nommé sous-secrétaire d'Etat au Ministère de la Guerre, il dut remplir les fonctions de ministre en attendant le retour de Cavaignac, alors en Algérie. On vint lui dire que les généraux ne consentiraient pas à reconnaître son autorité. Charras n'hésita pas à convoquer dans son cabinet tous les officiers généraux présents à Paris. Aucun ne manqua à l'appel, car on savait que le nouveau sous-secrétaire d'Etat ne plaisantait pas. Il échenilla le Ministère, en supprimant tous les emplois inutiles, avant l'arrivée du général Cavaignac.

A propos de ce dernier, j'ai bien souvent entendu déplorer, par les anciens républicains de 1848 et les proscrits, son esprit étroit. A l'Assemblée nationale, lorsqu'il était à la tribune, il parvenait à donner un caractère intolérablement personnel à toutes les discussions. Sa maladresse était proverbiale. Charras le jugeait comme un homme sans grande valeur et, pour le défendre, il invoquait des circonstances atténuantes qui n'empruntaient rien à son mérite.

Ignace Chauffour, appartenant à la gauche modérée et qui fut un des soutiens les plus fermes de ce qu'on appelait la politique de Cavaignac, ne tarissait pas sur les défauts que je viens de signaler. Un jour qu'il allait montrer au général des lettres très intéressantes du professeur Mittermeyer, d'Heidelberg, sur la situation de l'Allemagne, Cavaignac, confondant Ignace Chauffour, député du Haut-Rhin, avec son frère Victor, député du Bas-Rhin et membre de l'Extrême-gauche, le reçut plus que fraîchement. « Je suis Chauffour du Haut-Rhin, » dit le député un peu piqué. — « Ah ! c'est bien différent, dit le général ; en ce cas asseyez-vous. » Mais il refusa de lire les lettres de Mittermeyer, se déclarant édifié sur la question par une correspondance secrète du baron d'Heeckeren. Cavaignac avait la main heureuse ! Ignace Chauffour remit les lettres dans sa poche, en disant que mieux vaut souvent ne pas voir de trop près certains hommes politiques quand les circonstances vous obligent à les soutenir.

Cavaignac, dont la seule qualité fut le désintéressement, n'était pas seulement maladroit dans ses rapports avec les membres de l'Assemblée. Il commit une faute impardonnable en laissant l'insurrection de juin se propager quand il était relativement facile de la réprimer à la première heure presque sans effusion de sang. On lui a reproché en outre d'avoir manqué de parole aux insurgés du faubourg Saint-Antoine, auxquels il avait promis la vie sauve, s'ils mettaient bas les armes. Cette insurrection funeste fut provoquée par les bonapartistes. Mes parentes, les sœurs d'Auguste Dornès, en allant le soigner à l'hôpital, sur son lit de mort, m'ont rapporté que presque tous les blessés avaient dans leurs poches de l'argent étranger. En outre, Paul de Flotte disait après le coup d'Etat à Victor Chauffour qu'il rencontra à Bruxelles : « Je vous affirme qu'au début le parti socialiste était absolument en dehors de l'insurrection ; à la fin du second jour nous sommes intervenus pour combattre l'influence bonapartiste, voyant que le mouvement se faisait au cri de Vive l'Empereur! »

Cavaignac prévoyait une prise d'armes, sans se préoccuper de savoir d'où elle viendrait. Il voulut fortifier sa situation à l'Assemblée et, au lieu de s'adresser à la gauche, il chercha un appui du côté de la droite ; je tiens ces renseignements de la bouche de Léon de Maleville, qui assistait à la réunion de la rue de Poitiers où M. d'Adelsward, membre de la droite modérée, se présenta en négociateur au nom du Président du Pouvoir exécutif. M. d'Adelsward exposa le péril et offrit aux membres de la droite, comme gage d'alliance, de donner à un député de leur choix la place de Recurt dans la Commission exécutive. « Le général ne fait de réserve, ajouta M. d'Adelsward, que pour une seule personne. » Immédiatement Berryer s'écria : « C'est de moi qu'il s'agit. » Avant que M. d'Aldelsward eut le temps de répondre, la petite voix flûtée de Thiers clama : « Non, ce n'est pas Berryer qui est visé, c'est moi. Mais si Cavaignac veut nous sauver, j'accepte. » Le délégué de l'Elysée s'inclina en signe d'assentiment.

Le lendemain, Léon de Maleville, qui était lié avec Garnier-Pagès, s'empressa de le prévenir. Mais le grand naïf ne fit qu'en rire. « Paris, dit-il, ne songe pas à se soulever. Dites à vos amis qu'il n'y a aucun danger ». La République était en bonnes mains !

Cavaignac a été le premier instigateur de l'expédition de Rome. Il annonça le départ du corps expéditionnaire dans la séance du 27 novembre 1848, en réponse à une interpellation de

Bixio, quelques jours avant l'élection à la Présidence, pour gagner les sympathies de la Droite et du clergé. Nous devions payer, en 1870, de la perte de l'Alsace-Lorraine le prix de cette politique dont Napoléon fut le continuateur.

Dès son arrivée à Zurich, Charras chercha un organe pour la défense des idées républicaines et pour la propagande à travers la frontière. Il y avait alors à Fribourg un autre proscrit, Schmitt, ancien instituteur, ex-rédacteur de la *Volksrepublik* (*République du Peuple*) de Mulhouse. Ce Schmitt, qui ne payait pas de mine, était un publiciste courageux, très anticlérical et plus tard, en 1867, mon ami Alfred Kœchlin (ne pas confondre avec le boulangiste Alfred Kœchlin-Schwartz) le plaça à la tête de l'*Electeur souverain* de Mulhouse. Pour le moment, Schmitt écrivait dans une petite feuille de Fribourg *le Confédéré*, où Charras prit la haute main en la subventionnant et en la faisant subventionner par notre famille et nos amis. Il y fournit des articles ainsi que Laurent-Pichat, Marc Dufraisse, Barni, Chassin, Etienne Arago, Flocon, Hippolyte Duboy et moi. En outre, l'imprimerie du journal éditait des brochures de propagande, comme *l'Abstention* de Rogeard (celui qui eut un jour du génie dans ses *Propos de Labienus*), *Jérôme Bonaparte*, de Charras, *l'Empire Démasqué*, d'Engelhardt, etc. Je m'occupai spécialement de faire passer ces écrits en France.

Quelques républicains farouches ont reproché à Charras, comme ils devaient le reprocher à Gambetta en 1869, d'entretenir certaines relations avec les membres les plus militants du parti orléaniste. N'était-ce pas justement ce qu'on faisait à Paris, au *Courrier du Dimanche*, où les républicains comme Pelletan ou Frédéric Morin coudoyaient Hervé et Prévost-Paradol ? Le comte d'Haussonville, par exemple, venait voir Charras lorsqu'il traversait Bâle. Ce n'est pas que les Orléanistes se fissent des illusions sur les sentiments du proscrit. En voici la preuve. Avant 1860, pendant le séjour de Charras à Bruxelles ou à la Haye (c'est à La Haye qu'il se lia intimement avec Barbès), Lamoricière vint le trouver et lui demanda une entrevue de la part du duc d'Aumale ; Charras lui répondit : « Si c'est comme citoyen français, non ; si c'est comme ancien ami, oui, car mes convictions républicaines ne me permettent pas de voir un prétendant. » Lamoricière demanda à son interlocuteur s'il l'autorisait à rapporter cette réponse au duc d'Aumale. « Certainement, répliqua Charras, je vous prie de la lui transmettre telle quelle. » Il ne fut

5.

plus question de rendez-vous ; mais quelque temps après, Lamoricière, rencontrant Charras, lui dit : « Eh bien, j'ai fait votre commission au duc d'Aumale. — Ah! et qu'a-t-il dit ? demanda Charras en gouaillant. — Il m'a répondu : Ce diable de Charras est toujours le même, toujours carré. — Et vous, vous a-t-il dit que vous êtes rond? » La plaisanterie était médiocre; en tout cas Lamoricière la trouva telle, et la goûta peu.

En Algérie Charras avait beaucoup connu Lamoricière, dont il fut officier d'ordonnance, et après le coup d'Etat il entretint avec lui, en exil, les relations les plus amicales. Dans sa correspondance inédite, notamment dans ses lettres à Clément Thomas, il parle souvent du général en termes affectueux. Charras s'occupait de subvenir aux besoins de ses compagnons sans fortune et sans ressources. A Bruxelles il recueillait des fonds pour secourir un ancien député, B..., « en butte à une réclamation venue de son pays, non fondée ni en droit, ni en justice, mais telle que, s'il n'y satisfaisait point, il en résulterait un grave dommage pour sa réputation. » (Lettre à Clément Thomas, Bruxelles, 23 juin 1853). Charras dit que Lamoricière lui a donné 500 francs pour contribuer à cette bonne œuvre. Dans une autre lettre du 10 octobre 1857, datée aussi de

Bruxelles, Charras accuse réception à Clément Thomas d'une petite somme destinée à un proscrit malade. Cette somme a servi à le faire ensevelir. « Barbès et moi, dit-il, allons faire poser une très simple pierre sur la tombe du proscrit, une pierre portant son nom. » Dans cette même lettre Charras ajoute : « Je suis désolé de la défaillance de Lamoricière. Mais que voulez-vous, cher? Quand le caractère manque chez un homme, toutes les qualités de l'esprit, même les plus belles, ne compensent pas ce défaut. Depuis le moment où sa décision a été prise, je n'ai plus vu Lamoricière. Je n'ai plus mis le pied chez lui et il ne l'a plus mis chez moi. »

Charras ne pardonna pas à Lamoricière d'être rentré en France. Le général avait pourtant une excuse. Il venait de perdre son fils qui faisait ses études dans un lycée de Paris. A partir de ce moment il se sépara de ses anciens amis républicains et en avril 1860 il prit le commandement des troupes pontificales. Idée singulière chez l'ancien représentant du peuple qui avait protesté en 1849 contre l'expédition de Rome: elle ne porta pas bonheur à Lamoricière qui laissa en Italie le peu qui lui restait de son prestige.

Charras mourut le 23 janvier 1865, des suites d'un refroidissement qui amena une entérite. Ses amis accourus de tous côtés et les Suisses qui avaient appris à l'estimer lui firent de belles funérailles, mais sa mort fut pour la proscription un coup dont elle ne se releva pas. Edgar Quinet, Etienne Arago, Victor Chauffour, beau-frère de Charras et le mien, prononcèrent des discours sur sa tombe au cimetière de Bâle. Celui de Chauffour fit une impression considérable, surtout sur les jeunes membres du parti républicain qui étaient venus de Paris, comme Clemenceau.

Je m'étais aussi lié étroitement avec un autre proscrit, Ferdinand Flocon, ministre du Commerce en 1848, un homme de cœur que la calomnie n'a pas épargné. Flocon avait été commissaire de la République dans le Bas-Rhin. Il connut, à Strasbourg, un des plus fermes républicains d'Alsace, M. North, d'Hurtigheim ; cette liaison amena plus tard le mariage de mon frère Oscar Scheurer avec Mlle Catherine North, dont Michelet a parlé d'une façon si flatteuse dans son livre *la Femme*. Flocon, n'ayant pas été réélu à l'Assemblée législative, se fixa à Strasbourg et y fonda le journal *le Démocrate*. Au coup d'Etat, il essaya d'organiser la résistance en soulevant les soldats de la caserne d'Austerlitz. Mais sa tentative échoua, et après être resté caché d'abord chez

North, ensuite pendant un mois chez son imprimeur, il put gagner la Suisse. Il y vécut jusqu'en
1866, presque aveugle, gagnant péniblement sa
vie à des traductions.

Au moment de la Révolution de 1848, Flocon
était rédacteur de *la Réforme*, journal rival du
National. Cette rivalité a eu malheureusement
des suites fâcheuses et des échos jusqu'au sein
du Gouvernement provisoire et de l'Assemblée
Constituante. Ce n'est pas sans opposition que le
rédacteur de *la Réforme* obtint le portefeuille du
Commerce. Les amis du *National* considéraient
Flocon comme un incapable et un écervelé. Aussi
grand fut l'étonnement du public quand il vit à
l'œuvre un ministre sage, prévoyant, réfléchi,
disposé à accepter tous les concours loyaux, portant à la tribune le langage politique le plus
correct, sachant se faire aimer et respecter de ses
subordonnés. Les feuilles de l'opposition monarchiste et cléricale, toujours peu difficiles en fait
d'esprit, et d'une courtoisie plutôt médiocre,
plaisantèrent lourdement Mme Flocon. On connaît
le mot légendaire : « C'est nous qui sons les prin-
cesses ! » Il se peut que Mme Flocon manquât de
prestige et d'élégance, mais son mari, à défaut
d'elle, tint bien sa place au ministère. Flocon
avait un caractère absolu ; il était intraitable sur

les questions d'honneur et de probité. Il n'aimait pas les louanges ; ma femme lui ayant envoyé la copie d'un article élogieux que lui consacrait Laurent-Pichat, dans un journal de Paris, il m'écrivait, le 7 janvier 1864 : « Pardon mille fois, mon cher ami, de ne pas vous avoir remerciés plus tôt, vous, de votre bonne lettre, et Mme Scheurer, de la peine qu'elle a prise de copier tout au long le trop bienveillant article de Pichat. A parler vrai, cette copie a pour moi plus de prix que le texte, et j'éprouve je ne sais quel embarras à voir de pareilles choses s'imprimer. La probité, puisque le mot y est, me semble un devoir d'ordre si vulgaire qu'il faut vivre dans des temps comme les nôtres pour s'aviser d'y trouver un mérite ».

Flocon, malgré sa pauvreté, avait refusé d'accepter la pension accordée aux anciens ministres jusqu'en 1870. Il m'a semblé que je devais ces quelques lignes au souvenir d'un des hommes que j'ai le plus respectés au monde.

Nous avions un premier devoir politique à remplir après la perte irréparable de Charras, celui de conserver intacts nos moyens de propagande. Nous résolûmes, grâce aux sacrifices pécuniaires consentis par nos amis, de garder *le Confédéré* et d'y faire une situation modeste, mais sûre, d'abord à Schmitt, l'ouvrier de la première heure, puis à Etienne Arago, enfin à Rogeard à qui le foudroyant succès de *Labienus* interdisait, après le séjour de la France, celui de la Belgique. Il s'était réfugié à Heidelberg auprès de Seinguerlet. De 1865 à 1869, les extraits des correspondances parues au *Confédéré* furent expédiés régulièrement par mes soins, sur papier pelure, dans une dizaine de départements. Nous répandions aussi des brochures de propagande, dont plusieurs étaient dues à la plume de Rogeard. J'eus l'idée de distribuer en brochure la traduction du fameux chapitre du livre de Kinglake sur la guerre de Crimée consacré à l'histoire du coup d'Etat du 2 Décembre. L'ouvrage avait été intégralement traduit en français par Karcher. Je m'adressai, pour obtenir l'autorisation d'en donner un extrait, à un ami de Karcher, Edmond Valentin, proscrit fixé en Angleterre, professeur distingué à l'Ecole militaire de Woolwich où il a laissé les plus sympathiques souvenirs. Valentin qui venait voir ses amis en Suisse chaque année, à l'époque des vacances, m'écrivit en me donnant l'autorisation demandée au nom du traducteur : « La partie du livre de Kinglake que vous aviez le projet de reproduire a eu en Angleterre une immense influence, et a plus contribué à démolir Bonaparte dans l'esprit de la nation que tout ce qui a été écrit depuis. Malgré les inexactitudes quelquefois absurdes qui s'y rencontrent, il m'a toujours paru que ce récit était de nature à produire en France les mêmes impressions, et c'est dans cette conviction que j'en avais adressé, dès les premiers jours, à notre vaillant colonel défunt (Charras) la traduction que *le Confédéré* a publiée en partie. »

Je parlerai plus tard à propos du siège de Strasbourg du caractère héroïque de Valentin, mais je profite de l'occasion qui m'est offerte pour donner quelques détails sur cet être extraordinaire. Valentin était avant tout un homme de bon sens et de raison, ce qui n'est généralement pas le cas des héros, mais ce qui est de nature à augmenter encore son mérite. Il avait le don des langues, et en parlait cinq ou six couramment. Il introduisait volontiers dans ses lettres des citations qu'il cherchait avec une certaine coquetterie dans toutes les littératures du monde.

Engelhardt a publié dans la *Revue Alsacienne* un article intitulé *la Contrebande politique sur la frontière du Rhin sous le second Empire*. Il raconte comment nous faisions pénétrer les publications sur le territoire français : « Nous n'étions que trois, dit-il, Scheurer-Kestner, Louis Durr et moi », et il donne des détails sur les moyens que nous employions afin de dépister la police impériale. Elle nous surveillait pourtant beaucoup, moi surtout qui étais sous le coup de la loi de Sûreté générale. Il m'était impossible de traverser Strasbourg sans être filé comme une pièce de gibier.

Aussi eûmes-nous l'idée, pour éviter ces ennuis et ces difficultés, d'établir à Paris une presse clandestine. Clemenceau étudia spécialement ce projet avec Rey, aujourd'hui député de l'Isère. Il m'envoya à Thann son ami Lafont, un brave garçon, borgne, dévoué comme un terre-neuve, mais un peu bavard. Depuis, il a été député de Paris. Lafont m'exposa ses vues et je lui remis huit cents francs avec lesquels il alla chercher de l'autre côté du Rhin une petite presse et un jeu de caractères. Des jeunes gens de Strasbourg aidèrent à transporter le matériel en lieu sûr. Je ne sais pas où on lui fit passer la frontière ni comment on le conduisit à Paris. Malheureusement, ce bel exploit accompli, Lafont et ses amis en causèrent dans les brasseries de Strasbourg où les murs avaient des oreilles. Bref, au bout de deux jours, la police savait que Scheurer-Kestner était dans l'affaire. Il se passa alors dans la bonne petite ville de Thann un fait bien rare : on y découvrit un honnête commissaire de police du nom de Blanchot (je l'ai aidé à obtenir un bureau de tabac en 1872), qui ne faisait pas de zèle, loin de là. Non seulement, il ne faisait pas de zèle, mais, dans la circonstance, il fit le contraire. Il arriva à deux heures du matin chez mon ami, le docteur Conraux, un vieux républicain, pour l'avertir que j'allais être recherché.

Que pouvais-je faire? Avertir Lafont, mais il avait quitté Strasbourg. Ecrire à nos amis de Paris? Aller à Paris? J'aurais été filé par la police. J'écrivis donc, mais au lieu de jeter ma lettre à la poste, je la portai à mon camarade Mansbendel, marchand de métaux à Mulhouse, dont le dévouement, l'intelligence et le courage m'é[illegible]ent connus ; il partit pour Paris, le soir même, alla à Bicêtre remettre ma lettre à Clemenceau qui y était interne, et repartit sans mot dire. Clemenceau se rendit de suite chez le détenteur de la presse, qui fut transportée à un nouveau domicile. La police la suivait toujours à douze heures de distance, aussi jeta-t-on presse et caractères dans la Seine. Ainsi furent noyés mes huit cents francs.

J'ai parlé des articles du *Confédéré*. La police avait sur pied une escouade d'agents pour découvrir les collaborateurs de ce vaillant petit journal. Jamais elle ne put arrêter notre « copie ». Ce n'est pas étonnant, car je recevais les articles à Thann par une voie indirecte, et je les faisais porter à la poste de Bâle par un exprès. On soupçonna Despois, qui jamais ne collabora avec nous. Les articles de Laurent-Pichat surtout mettaient les Tuileries aux champs. Ses correspondances étaient souvent assaisonnées d'anecdotes aussi indiscrètes que sûres. Je soupçonne son ami Henri Chevreau, familier du château, d'avoir eu parfois la langue trop longue.

A Paris, au quartier Latin, naissaient et mouraient de petites feuilles éphémères, généralement violentes. La plus modérée était *le Mouvement*, d'Isambert (aujourd'hui député), qui représentait les opinions du *Courrier du Dimanche*, dans ce qu'elles avaient de républicain ; puis vint *la Rive gauche*, d'abord simplement hostile à l'Empire, mais qui, obligée de passer en Belgique, devint purement socialiste. En 1865, de nombreuses réunions socialistes eurent lieu à Bruxelles, on y prononçait de violents discours. On s'y rendait du quartier Latin. C'est là que Malon, Pierre Denis, César de Paepe, Longuet et tant d'autres firent leurs premières armes.

Au mois de décembre 1865, *la Rive gauche* rendant compte d'une réunion dans laquelle Brismée avait prononcé un discours socialiste très violent inquiéta tout le parti républicain. « Avec une politique pareille, disaient les vieux, vous éloignez le jour où l'Empire fera place à la République, car vous menacez les intérêts et en France on ne les menace jamais en vain. Ce sont les rodomontades des socialistes qui nous ont perdus en 1848 et en 1851. » Marc Dufraisse, alors professeur au Politechnikum de Zurich, donna au *Confédéré* une réfutation du discours de Brismée. Le bon Schmitt m'écrivait, le 16 décembre 1865, en me communiquant l'article de Dufraisse : « Cher ami, la queue d'Hébert nous donne à faire. Je n'aurais pas répondu dans *le Confédéré*, mais Dufraisse l'ayant fait, j'ai publié. J'approuve fort son adjuration de la fin. Il n'est pas possible que la police ne soit pas là-dedans, à moins que nos amis ne soient des bêtes.. »

Brismée, d'après *la Rive gauche*, avait dit : « Si la propriété résiste, il faut par décret du peuple, la supprimer, et la bourgeoisie, il faut la tuer. Nous ne reculerons pas devant la guillotine. » C'est à ces paroles que Marc Dufraisse répondait, en joignant au manuscrit de son article un billet adressé à Schmitt, à qui il disait : « Insérez sans changer un seul mot, je me charge de la polémique si elle devient nécessaire... Ah ! si celui qui repose à Bâle (Charras) vivait, comme il les flagellerait ! »

V

MON ARRESTATION (1862). MAZAS ET SAINTE-PÉLAGIE. — BLANQUI. — CHAUDEY.

Il me faut revenir un peu en arrière pour raconter mes démêlés avec la police et la justice impériales. Au commencement de 1862, j'étais heureux, âgé de vingt-neuf ans, marié depuis six ans, et je travaillais avec acharnement dans l'usine de mon beau-père à Thann, sans négliger la politique. Républicain de naissance, j'étais entré dans la mêlée avec ceux qui, plus nobles que la grande majorité des citoyens français, cherchaient à ouvrir l'abcès impérial. Pendant les premières années qui suivirent le crime de décembre, le pays semblait ne plus vouloir entendre d'autre voix que celle de ses intérêts matériels. Mais, à partir de 1861, on pouvait se rendre compte d'un mouvement de régénération. Ma jeune ardeur accueillit avec enthousiasme l'apparition de ces signes réconfortants. Au quar-

6.

tier Latin, j'avais fait la connaissance de plusieurs jeunes gens qui comme moi haïssaient l'Empire et étaient décidés à le combattre à outrance. Au commencement de 1862, je correspondais régulièrement avec les plus hardis d'entre eux. A propos de je ne sais plus quel article de Vermorel, je lui écrivis une lettre d'encouragement peut-être un peu violente. Cette lettre arriva à Paris au moment où les étudiants organisaient une manifestation pour le 24 février, autour de la colonne de la Bastille. Vermorel fut arrêté, enfermé à Mazas, perquisitionné, et on trouva ma lettre chez lui. Le journal *le Travail* avait surtout organisé cette manifestation. On arrêta ses rédacteurs, parmi lesquels mes amis, Taule et Eugène Carré. Ils avaient aussi de mes autographes dans leurs tiroirs. Une lettre adressée par moi à Carré par l'intermédiaire de notre agent commercial, fut saisie à la poste, et mon grand délit découvert : je faisais parvenir à Paris des brochures incendiaires imprimées à l'étranger. Dans la nuit du 24 au 25 février, le télégraphe ordonna mon arrestation.

Il était huit heures du matin. Je rentrais de la fabrique pour déjeuner. Devant la grille de la maison, je vis un groupe suspect composé du juge de paix, de son greffier, du commissaire de police (celui qui trois ans plus tard devait me rendre le service que j'ai rapporté plus haut), et du brigadier de gendarmerie. Le juge de paix, homme sans scrupules et propre à toutes les besognes, m'annonça qu'il venait faire chez moi, par ordre supérieur, une visite domiciliaire. Il n'était pas porteur d'un ordre régulier, mais seulement d'un télégramme du parquet de Belfort. Malgré mes protestations, il vida tous mes tiroirs, sans rien trouver. Pourtant, dans ma collection d'autographes, il mit la main sur une vieille copie de la *Napoléonne* de Charles Nodier, de la main de Rouget de Lisle. Quand il eut rédigé le procès-verbal de saisie de cette pièce ridicule, il me dit : « Ma mission n'est pas terminée : je suis chargé de vous arrêter. — M'arrêter ! répliquai-je. Pour cela, non ! C'est trop déjà que vous ayez fouillé sans droit dans ma correspondance. Si on met la main sur moi, je brûle la cervelle au premier qui me touche. » Et j'ouvris un tiroir dans lequel reposait un beau revolver. Je n'avais aucune intention homicide, mais il me plaisait d'effrayer ce vieux drôle. « Fermez cela, s'écria-t-il, je reconnais que je ne suis pas en état de vous arrêter régulièrement, et je vous offre de vous laisser chez vous jusqu'à ce que j'aie reçu d'autres instructions. »

J'acceptai naturellement, l'offre qui m'était faite. On mit un gendarme dans la pièce à côté avec la porte ouverte, ce qui ne m'empêcha pas de m'éclipser pendant une demi-heure pour aller au laboratoire détruire des papiers compromettants.

Une dépêche télégraphique rassura le juge sur ses droits, et il vint me prévenir qu'il allait me diriger sur Belfort.

— Et votre mandat ? lui dis-je.

— Mon mandat ! Le voici.

Il me montrait la dépêche du juge d'instruction ainsi conçue :

« Faites transférer M. Scheurer à Belfort. »

Je lui demandai de me laisser le temps de recevoir les membres de n.a famille. Il y consentit d'abord d'assez bonne grâce. Mais bientôt, je le vis réapparaître en me « suppliant » de partir sans retard. « Vous avez beaucoup d'amis ici, et dans la vallée beaucoup de parents. Il paraît qu'on va venir en force. Partez, je vous en conjure, afin d'éviter des scènes de désordre. »

L'inquiétude de ce vieux malfaiteur était si réelle et si comique que je ris de bon cœur en lui disant : « Je vais faire atteler et ce soir je serai à Belfort. »

Ce fut un soulagement pour cet excellent

homme. Mais il fallait du temps pour mettre les chevaux à la voiture. Parents, amis, connaissances affluèrent chez moi. Le gendarme de planton dans la pièce voisine n'en revenait pas. Jamais il n'avait vu un prisonnier si choyé ! Pendant ce temps, ma pauvre femme restait calme malgré son émotion profonde. Ma fille Jeanne, âgée de cinq ans, pleurait silencieusement accrochée à la robe de sa mère.

Enfin, me voici en route pour Belfort, dans ma voiture, flanqué de deux gendarmes. En ouvrant mon sac de voyage, pendant la route, je trouvai dans mon buvard des papiers dont la présence m'avait échappé ; c'était le manuscrit d'un article destiné à être imprimé en Suisse dans *le Confédéré*. Il fallait m'en défaire à tout prix. De la Chapelle à Belfort, je mâchai les feuillets, et je les avalai l'un après l'autre.

Dès mon arrivée, je fus conduit devant le juge d'instruction Munschina et le procureur impérial Adam. Je rencontrai auprès de ces magistrats le même mépris du droit et de la justice. Ils ne savaient pas pourquoi on m'arrêtait, et paraissaient peu désireux de le savoir, ayant obéi simplement à un télégramme du parquet de Paris. On me verrouilla à la prison de Belfort avec un individu accusé d'assassinat, tout couvert de vermine, et on m'y laissa huit jours, sans me permettre de communiquer avec personne. Ces magistrats, quand je quittai Belfort, refusèrent de me faire accompagner par des agents en bourgeois, faveur accordée par eux l'avant-veille à un voleur. Inutile d'ajouter qu'après avoir servi l'Empire avec une rare absence de scrupules, ils ont continué à servir la République depuis le 4 septembre. J'ai vu Adam magistrat à Paris, et au dîner de *l'Alsace à Paris*, il n'a pas craint de me tendre la main.

J'arrivai à Paris, à quatre heures du matin, après un voyage de seize heures en train mixte, encadré entre deux gendarmes, qui pourtant ne me mirent pas les menottes. A chaque station, les curieux venaient me voir, comme un loup pris au piège, demandant quel crime j'avais bien pu commettre. On me conduisit à Mazas dès l'aube ; le greffier dut sortir de son lit, et m'inscrivit en maugréant, tout en protestant contre l'absence de mandat d'écrou régulier. Je pris aussitôt possession de ma cellule sommairement meublée d'une bande de toile décorée du nom de hamac, d'une table et d'une chaise scellées au mur. On me confia un balai sans manche, avec ordre de présenter chaque matin un petit tas de poussière. J'aurais, d'ailleurs, mauvaise grâce à me plaindre du régime auquel je fus soumis. Si j'en souffris plus que beaucoup d'autres, c'était la conséquence du confort auquel j'étais habitué. Tant pis pour moi !

Le lendemain, je reçus la visite du directeur. Il me fit passer aux cellules d'infirmerie. Ce directeur n'était pas un méchant homme. Je restai un mois au secret absolu avec l'autorisation d'écrire à ma femme deux fois par semaine. Deux fois par semaine aussi, j'allai prendre l'air au promenoir au pas de course. J'ai appris bien des choses à Mazas, à me taire, à me passer des autres, à dormir avec de la lumière, à boire de l'eau sale, à manger avec des couverts en bois, et enfin, à culotter des pipes. Je dois ce dernier défaut à la sollicitude d'un gardien : je ne m'en suis jamais corrigé.

Le dimanche matin, l'aumônier de la prison célébrait la messe au centre des sections, les portes de nos cellules étant entr'ouvertes. Il était parvenu à former un assez bon orchestre de détenus, qui ne connaissant pas les chants de l'Eglise, les remplaçaient par des airs d'opéra. J'eus l'imprudence de plaisanter cette comique cérémonie dans une de mes lettres à ma belle-sœur Charras. Ma lettre fit supprimer la musique. Si jamais j'ai regretté de faire de la peine à un curé, c'est bien ce jour-là.

Jules Grévy voulut bien se charger de ma défense. Je ne le connaissais pas, mais on l'avait choisi à titre d'ancien collègue et d'ami de mon beau-père. Je ne le vis qu'une fois avant le procès, au milieu du mois de mars. Il me reprocha mon imprudence. « Fait-on des imprudences sous un régime comme l'Empire? N'est-on pas certain d'avance d'en être la victime? Et à quoi cela sert-il? Vous voilà bien avancé, et votre femme, et votre enfant, et votre famille? Vous n'avez pas pensé à cela? » J'avoue que ce langage n'était pas celui que j'attendais du Jules Grévy de 1848, que ma jeune imagination m'avait dépeint comme le Caton de la République. Il me blessa profondément. J'hésitai à répondre, quand mon cœur débordant, je lui fis l'histoire de ma jeunesse. Je lui parlai de mes efforts de propagande. « Il ne faut pas, ajoutai-je, que des hommes comme vous, M. Grévy, nous enlèvent le courage et l'espérance. J'ai salué avec enthousiasme l'aurore qui se lève. Vous vous étonnez de ce que vous appelez mon imprudence? Vous n'avez donc jamais été jeune, vous n'avez donc jamais souffert, ni rougi de rester dans l'inaction, de partager la responsabilité des indifférents?... » Grévy m'écoutait avec surprise et intérêt. Il n'abandonnait pas son air de supériorité, mais on voyait l'expression de la sympathie envahir sa figure. Je me jetai dans ses bras : « Vous êtes un brave cœur, me dit-il, mais causons de vos moyens de défense. »

La cause fut appelée le 21 mars, premier jour du printemps, un vendredi. Heureusement, je ne suis pas superstitieux. J'étais prévenu d'« excitation à la haine et au mépris du Gouvernement », et d'« intelligences à l'intérieur », de « publication et de distribution d'écrits sans nom d'imprimeur », et d'« avoir, à Paris, en 1862, provoqué publiquement à commettre un ou plusieurs crimes. » C'étaient bien des affaires.

Vers midi, on me fit monter, encore à jeun, en panier à salade pour me conduire au Palais. Au sortir de cette boîte obscure, je fus introduit dans un cabanon noir comme un four, et froid comme une glacière. Après deux heures d'attente, un municipal vint me prendre et par un petit escalier tout noir me poussa dans la salle de la 6ᵉ chambre correctionnelle. Je fus ébloui par le jour, surpris par la présence de mon frère Oscar et de mes amis. Le président Salmon daigna trouver « indécentes » les manifestations de sympathie qui m'accueillirent. Grévy ne les approuva pas non plus, les estimant plutôt dangereuses. Ernest Picard et Tachard, en robe, vinrent me serrer la main. L'interrogatoire terminé, le ministère public (c'était un nommé Benoist que j'ai revu, je crois, magistrat de la République), m'écrasa de son éloquence de bas étage. Le tribunal, après une longue délibération, rendit un jugement qui écartait la provocation au crime pour ne retenir que le fait d'« intelligences à l'intérieur », et me condamnait de ce chef à 1.000 francs d'amende et à trois mois de prison.

« Vous avez de la chance », me dit Grévy.

Le jugement était rédigé de manière à me mettre sous le coup de la loi de Sûreté générale, c'est-à-dire à m'exposer à la déportation dans une enceinte fortifiée à la première occasion. A huit heures, le panier à salade me ramena à Mazas. L'heure du repas était passé, il me fallut m'endormir le ventre vide. Je dormis bien.

Mille francs d'amende, trois mois de prison, en plus de mes six semaines de prison préventive, et trente-six heures de diète absolue. Pour une bonne journée, c'était une bonne journée.

J'étais rageur, j'avais sur le cœur le réquisitoire du ministère public. Dès le lendemain matin, je pris ma plume des grands jours, et j'écrivis au sieur Benoist une lettre injurieuse, par laquelle je le provoquais en duel, et satisfait de mon œuvre, je remis crânement mon factum au surveillant. Mais la bonne âme du greffier veillait sur moi. Le lendemain, le directeur me rapporta ma lettre, en me disant, non sans ironie : « On a vingt-quatre heures pour maudire ses juges; le délai est un peu passé, je vous rends votre papier, en vous engageant à consulter votre défenseur, et, — si vous m'en croyez, — votre intérêt. »

Je fus oublié à Mazas plus d'une semaine avant d'être envoyé à Sainte-Pélagie, pour purger ma condamnation.

Sainte-Pélagie, un vrai Paradis !

Le « Pavillon des Princes », était occupé par Eugène Pelletan, Blanqui, un jeune étudiant en médecine, Ferdinand Taule, condamné comme moi pour « intelligences », (mais les siennes étaient « à l'extérieur »), et par Laurent Lapp, rédacteur du *Courrier du Dimanche*. Pelletan et Laurent Lapp avaient eu l'imprudence de demander « la liberté comme en Autriche ». Quant à Taule, aujourd'hui directeur de Sainte-Anne, son cas était encore plus curieux. Condamné pour la première fois pour « intelligences à l'*intérieur* », la Cour réforma le jugement et le frappa en appel pour « intelligences à l'*extérieur* ». Mais, au fond, c'était la même chose, la peine de dix-huit mois de prison restant appliquée, et Taule par surcroît.

tombait comme moi sous le coup de la loi de
Sûreté générale.

J'occupais une chambre qui compensait par sa
hauteur au-dessus du niveau de la mer (112 mar-
ches), le peu d'élévation de son plafond auquel
je frottais mes allumettes. Oserai-je dire que j'y
ai passé les moments les plus heureux de ma vie !
Une femme jeune, tendre et dévouée, une charmante petite fille de cinq ans, des parents et des
amis fidèles, la liberté de choisir mes occupations,
chose inestimable pour un homme habituellement
astreint aux exigences tyranniques de sa profession, et avec cela la conviction qu'on « souffrait »
pour la République, n'y avait-il pas de quoi assurer le bonheur ? C'est à Sainte-Pélagie que j'ai
noué mes plus fortes amitiés. Les amis qui venaient rendre visite à Eugène Pelletan furent
bientôt les miens. Je fis au *Pavillon des Princes* la
connaissance d'Etienne Arago, de Carnot, de
Laurent-Pichat, de Frédéric Morin, de l'infortuné
Chaudey. Les savants ne m'abandonnèrent pas, je
reçus les fréquentes visites de Wurtz, de Friedel,
de Pelóuze. Parmi les jeunes, je me liai avec
Isambert et Clemenceau.

Je recevais de nombreuses lettres du dehors.
Elles passaient sous les yeux de la police, mais
mes correspondants le savaient, moi aussi, et cela

nous était indifférent. Je retrouve dans mes papiers cette lettre de Charras, datée de Bâle, 4 juin 1862 :

« Cher frère, j'ai parbleu bien reçu ta lettre datée de Mazas et je ne sais comment je ne te l'ai pas dit, car elle m'a fait un plaisir non oublié, je te l'assure. Je garde infiniment peu de lettres, d'où qu'elles me viennent, mais je garde soigneusement les tiennes. Ecrites sous les verrous, par cet abominable temps de tyrannie, elles sont saintes à mes yeux par ce fait seul; et de plus, elles sont pleines d'une cordialité qui m'est bien chère, pleines d'une sérénité et d'une imperturbable bonne humeur qui me ravissent. Supporter ainsi la prison n'est pas chose commune; et s'exposer à y aller est plus rare encore. On en trouvera des mille et des cent qui iront sans sourciller, — et sans savoir pourquoi, — se jeter à la bouche d'un canon; et ils sont bien rares ceux qui ne tremblent pas à l'idée de s'exposer à la colère du monstre, à la mitraille d'injures de ses Benoist, d'arrêts de ses Salmon et d'aménités de ses geôliers et gendarmes. Notre France ne brille pas par le courage civique. Depuis longtemps, à la voir, on dirait d'un peuple émasculé par la tyrannie. Mais j'ai la ferme confiance que ce n'est là qu'une apparence, et qu'en réalité l'énergie virile subsiste toujours. Quelques-uns, tu es du nombre, donnent le bon exemple. Il sera suivi...

« Si tu comptes les jours qui te restent à passer dans ta chambre là-haut perchée, les jours qui te séparent de la liberté, de nous tous, je t'assure que nous les comptons non moins assidûment par ici et que nous aspirons de tout cœur à en voir la fin. J'en écris chaque matin le chiffre sur mon buvard, au-dessous du chiffre de la veille. C'est une véritable comptabilité que je tiens là. Encore seize jours.

« Pelletan m'a écrit une bien bonne et bien charmante lettre. Dis-lui, je te prie, que je l'en remercierai au tout premier jour, et en attendant, fais-lui de ma part toutes mes amitiés, car j'espère que nous en sommes là maintenant.

« Adieu cher ami, cher frère, je t'envoie
1.000 tendresses pour Céline,
1.000   —   pour Jeanne,
1.000   —   pour toi.
____
3.000 et 3.000 encore de la part de Mathilde.

Ch.

Ma femme et ma fille Jeanne venaient tous les jours déjeuner avec moi, m'apportant les nouvelles du dehors. Le reste du jour, je travaillais et faisais de la chimie. Vers le soir, les hôtes du pavillon jouaient au ballon dans la cour. Pendant ma détention, ma femme et ma fille reçurent une affectueuse hospitalité chez nos parents Hingray. Mme Hingray, cousine de ma belle-mère, était sœur de l'héroïque Dornès, représentant du peuple en 1848, mortellement blessé aux journées de juin en portant sur les barricades des paroles de conciliation. Charles Hingray était libraire et, à cette époque, éditait les œuvres de Troplong. Il avait accueilli ma femme et ma fille avec la bonté la plus touchante. Il n'a jamais compris que ma fille Suzanne, née quelques mois plus tard, ne fût pas baptisée du nom de Pélagie. Il ajoutait en riant : « On ne dira pas qu'elle est née d'un premier lit ».

Notre ménage inspira à Laurent-Pichat les lignes suivantes, que je retrouve dans *la Réforme littéraire* du 17 août 1862 ; je les reproduis parce qu'elles étaient, en ce qui touche ma femme, l'expression exacte de la vérité. « J'ai connu dans la prison où j'allais le voir, et où je me suis lié d'amitié avec lui, un ardent Helvidius Priscus, qui avait à côté de lui une jeune et vaillante Arria... Son sourire est loyal comme son âme, et l'on sent qu'elle a puisé au foyer paternel ces simples notions du devoir qui embrassent dans leur harmonie la tâche de la femme et celle de l'homme, et n'en font qu'un effort dirigé, tout naturellement, vers la lumière et vers la vérité ».

La rencontre la plus curieuse, sinon la plus sympathique, que je fis à Sainte-Pélagie fut celle de Blanqui.

Blanqui occupait vis-à-vis de ma chambre une vaste pièce, et j'allais souvent lui rendre visite, car il était malade et couché, souffrant d'abcès qui l'empêchaient de marcher. Petit de taille, très maigre, la barbe grise et courte, il avait le nez crochu, les yeux perçants, et se coiffait comme Marat d'un mouchoir, qui, de loin, le faisait prendre pour une vieille femme. Son regard exprimait la curiosité, et surtout la défiance; il vous perçait comme une vrille. Son front était sillonné de rides horizontales lorsqu'il parlait, et parfaitement uni au repos; ses mains fines et blanches, admirablement soignées. Il portait toujours des sabots. Blanqui prenait volontiers en discutant des airs de mépris, était gourmand sans oser l'avouer, et il n'aimait pas à être questionné sur certains faits du passé. Sa susceptibilité était immense, immense aussi son orgueil. Il était doué d'une mémoire prodigieuse et connaissait la géographie à fond. La guerre du Mexique venait d'éclater, nous n'avions pas encore de cartes. Blanqui nous en fit une de mémoire, dont l'exactitude nous surprit lorsque nous pûmes la comparer plus tard à une carte gravée. Il se montrait du reste très fier de ce talent.

Blanqui était un homme aigri, ce qui n'est pas étonnant ; aussi étais-je disposé à lui pardonner ses airs de misanthropie, sous quelque forme qu'ils se produisissent. Mais je constatais chez lui de vilains côtés qui eurent vite raison de ma sympathie.

Des visiteurs arrivaient quelquefois chez lui, par ricochet, en sortant de la chambre de Pelletan, guidés le plus souvent par la curiosité. Une méprise singulière amena un jour sur la porte de sa chambre Montalembert ; voici à quelle occasion.

Montalembert avait écrit à Pelletan pour lui demander la permission de venir le voir. Pelletan était fort embarrassé, mais il finit par le mettre sur la liste de ses visiteurs. Montalembert vint à Sainte-Pélagie, et au lieu de s'arrêter au premier étage chez Pelletan, il monta par erreur jusqu'au haut de l'escalier et frappa à la porte de Blanqui. Il s'arrêta sur le pas de la porte, dont sa haute stature remplissait le cadre et reconnut dans le petit vieillard accroupi sur un grabat, un mouchoir autour de la tête, le terrible révolutionnaire. Montalembert eut vite dégringolé au bas de l'escalier pour raconter sa mésaventure à Pelletan. L'homme qui avait « demandé pardon à Dieu et aux hommes d'avoir contribué au crime du 2 Décembre », se trouver en présence de l'hydre de l'anarchie ! Blanqui riait rarement. Il rit ce jour-là.

Une autre fois, Pelletan recevait la visite de Daniel Stern (la comtesse d'Agoult). Elle manifesta le désir de voir Blanqui. Mais Pelletan, se souvenant de ce que son amie avait écrit du vieux conspirateur dans son *Histoire de la Révolution de 1848*, la dissuada de tenter l'aventure. Le lendemain, Daniel Stern apporta à Pelletan un exemplaire de son livre en insistant pour qu'il le remît au vieillard. Pelletan eut le tort de se charger de la commission. Pendant plusieurs jours, Blanqui retourna le volume dans ses mains. « Je ne sais, me disait-il, si je dois garder l'ouvrage ; *cette dame* m'y insulte ; j'ai envie de le lui renvoyer... Pourtant, peut-être *cette dame* n'a-t-elle pas voulu m'humilier. » Il finit par garder le livre, mais jamais il ne le coupa. En présence des femmes, Blanqui était gauche et emprunté ; il les saluait de la plus drôle des façons, se courbant en demi-cercle. Mais il avait la coquetterie de se lever pour les recevoir, en enlevant le mouchoir de sa tête. Il passait une vareuse et chaussait ses sabots. Il avait, en réalité, une seule affection, il aimait sa sœur, Mme Antoine, qui lui témoigna toujours le dévouement le plus touchant. La pauvre femme venait le voir une fois par semaine, lui apportant les objets indispensables et emportant à chaque visite une collection de petits papiers couverts de la claire et belle écriture de son frère. Que sont devenus ces feuillets où Blanqui avait tracé une partie de son histoire ? Je l'ignore.

Blanqui était d'une sobriété extrême, tout en étant très amateur de friandises que sa pauvre sœur ne pouvait lui offrir. Il devait se contenter de la nourriture des prisonniers, qui était détestable et trop souvent dégoûtante. Un entrepreneur nourrissait les détenus à tant par jour. Le directeur devait surveiller la cuisine, où il ne mettait jamais les pieds. Chaque matin, on lui apportait comme spécimen une tasse de bouillon exquis, se prenant parfois en gelée. Ensuite, les cuisiniers l'étendaient d'eau à l'infini : c'était du bouillon homéopathique. Blanqui devait s'en contenter. Pourtant, comme malade, on lui donnait en supplément chaque matin du riz cuit à l'eau qu'il avalait sans se plaindre, après en avoir soigneusement retiré, de ses doigts délicats, la paille, les pierres et les insectes.

Il n'était pas facile de lui faire accepter quelque chose. On me fit cadeau un jour de fraises, fruit rare en ce temps-là, au commencement de mai. Je lui en apportai une assiette bien sucrée. « Qu'est-ce que cela ? s'écria-t-il, des fraises ! » et il ajouta de son air sarcastique et mauvais : « Une friandise de bourgeois. — Les voulez-vous ? — Non, je ne les veux pas, vos fraises. » J'allais les emporter, lorsqu'un meilleur mouvement me les fit déposer sur la table, et je sortis. Une demi-heure après, il se décida à les manger.

Avec un courage moral indiscutable, Blanqui manquait de courage physique. On sait que Taschereau, dans la *Revue Rétrospective*, laisse entendre que le célèbre conspirateur a dévoilé les détails du complot qui l'a fait condamner avec Barbès et Martin-Bernard. Barbès est resté toute sa vie convaincu de la culpabilité de son ancien complice. Il disait : « Nous étions trois ; ce n'est pas moi qui ai révélé le secret, et je jure que ce n'est pas Martin-Bernard. » Il n'est pas probable que Blanqui ait « trahi » au sens propre du mot, mais son état maladif lui avait enlevé le discernement de la gravité de ses actions. Léon de Maleville, qui fut sous-secrétaire d'État avec Thiers quelques mois après l'insurrection du 12 mai 1839, m'a déclaré, en 1874, devant témoins :

« Oui, la révélation vient de Blanqui, mais il était malade et a eu un moment de faiblesse. » J'osai, un jour, sur l'invitation de Clemenceau, questionner franchement Blanqui au sujet des accusations de Barbès. Son attitude fut mauvaise. Il se borna à me répondre : « Barbès est un honnête homme, je ne le nie pas, mais une pauvre tête ; quant à Martin-Bernard, c'est Porthos... Ont-ils jamais fourni la moindre preuve ? »

Blanqui, avec toute sa finesse, avait des naïvetés que sa longue détention expliquait sans doute. Sa chambre à Sainte-Pélagie donnait sur la rue de la Clef. Il avait remarqué dans une mansarde, en face, un ménage d'ouvriers. Ces gens, disait-il, lui faisaient des signes, et il ne tarda pas à être convaincu qu'ils s'occupaient de son évasion. Il avait formé le projet insensé de traverser la rue jusqu'à la mansarde par une corde tendue, et finit par me demander de lui procurer des limes pour scier ses barreaux. Mon frère m'en apporta dix, que je lui remis. Un soir, les surveillants oublièrent de nous « boucler » à l'heure réglementaire. A neuf heures, Blanqui, en chemise et pieds nus, vint dans ma chambre. « Il se passe, me dit-il, quelque chose de grave. Jamais on n'oublie de boucler les prisonniers. On va venir faire une perquisition chez moi. On attend le magistrat, je connais ça. » Et il se retira en me tendant un paquet. « Vous ferez bien de cacher ces limes. Pour vous, cela n'a pas d'importance. »

Mon indignation ne tarda pas à faire place à une profonde pitié pour le malheureux. Avant ma sortie de prison, il trouva le moyen de me soumettre à une épreuve nouvelle. Il m'avait demandé mon concours pour un nouveau projet d'évasion. Il s'agissait de l'enfermer dans une caisse et de le faire sortir comme un colis de linge ou de meubles. La caisse fut apportée par mes soins. Le jour où je vins dire à Blanqui : « Eh bien, c'est pour demain ! » il me regarda avec son œil de fouine et me dit : « Je ne veux pas ; je me méfie de vous. » Rien ne pourrait mieux que cette réponse abominable peindre ce cœur desséché et cette âme appauvrie.

Pourtant, un jour, en me parlant de sa vie, il me fit le récit suivant : c'est la seule fois où le malheureux m'ait montré de la confiance et de l'attendrissement : « Je suis veuf, depuis 1849 ; ma femme, qui partageait mes idées, est morte de chagrin, ainsi que l'un de mes fils. Elle laissait quelque fortune ; moi j'étais en exil, interné en Algérie. Mon second fils m'a été volé par son tuteur, qui l'a fait baptiser. Le misérable l'a donné aux Jésuites. Aujourd'hui, ce fils a vingt-six ans, il vit de ses rentes et me laisse dans la misère. Il me hait et changerait de nom, s'il le pouvait. J'ai commencé plusieurs ouvrages qui m'ont été enlevés, ainsi que mes manuscrits. On ne m'en a jamais laissé achever aucun. J'ai passé vingt-cinq ans en prison, dont dix ans de prévention. On m'a pris sept cents francs que je possédais. Mais petit bonhomme vit encore. »

Il m'est arrivé, pendant mon séjour à Sainte-Pélagie, une aventure qui nous a beaucoup amusés.

Un des surveillants m'apporta un matin une belle enveloppe à mon adresse, timbrée du « Cabinet de Sa Majesté l'Impératrice ». Mon inquiétude était extrême, je tournai et retournai le pli entre mes doigts, convaincu qu'il renfermait ma honte et mon déshonneur. Un ami trop zélé n'aurait-il pas demandé et obtenu ma grâce ? Pelletan, consulté, décide que nous allons examiner avec Blanqui, Laurent Lapp et Taule la grave question de savoir s'il faut ou non ouvrir le pli. La curiosité l'emporte, je déchire l'enveloppe, et pars d'un violent éclat de rire. C'était un billet du secrétaire particulier de l'impératrice m'annonçant qu'il m'était accordé un secours de 200 francs ! L'excellent Hingray alla voir, aux Tuileries, le secrétaire particulier de la Souveraine, et lui rendre son autographe. Jamais il ne put expliquer cette erreur, car la pièce était authentique, ni savoir à la suite de quelle confusion mon nom avait été mis sur l'enveloppe.

Ainsi que je l'ai déjà dit, c'est à Sainte-Pélagie que je commençai à me mettre en contact avec les républicains de Paris qui venaient, fort librement d'ailleurs, visiter leurs amis emprisonnés. Je voyais là régulièrement le malheureux et enthousiaste Gustave Chaudey, Frédéric Morin, un des publicistes les plus remarquables du second empire, mais le plus négligé dans sa mise, Carnot père, toujours grave dans sa petite taille, Anatole de Laforge, moins solennel que plus tard, car il n'avait pas encore défendu Saint-Quentin, Henri Martin, Garnier-Pagès « le jeune », ainsi désigné sans doute à cause de sa naïveté légendaire, Jules Simon, qui depuis..., et parmi les jeunes amis de Taule, Vermorel avec sa face patibulaire, mon camarade Clemenceau, Rey, et le poète Pierre Denis, qui portait de grandes bottes à l'écuyère, signe précurseur de son enthousiasme futur pour les bottes vernies du général Boulanger.

Gustave Chaudey était un homme de six pieds, avec un long nez sensuel, de grosses lèvres à la

fois lourdes et fines comme on n'en trouve que
chez les Franc-Comtois. Il était d'une nature exu-
bérante, toujours prêt à l'enthousiasme, bon, généreux, affectueux. Républicain de la veille, il
avait puisé le goût de l'économie politique à
l'école de Rossi. Exilé naturellement après le
2 Décembre, il se réfugia en Suisse et rentra,
après l'amnistie, à Paris, où il collabora au
Siècle et au *Courrier du Dimanche*. Chaudey était
l'ami personnel et l'admirateur passionné de
Proudhon, l'ami aussi, et l'admirateur d'Henri
Cernuschi. Proudhon le nomma son exécuteur
testamentaire, et lors de la publication de la
correspondance du grand polémiste, il eut à lutter contre certains personnages qui prétendaient
représenter aussi bien que lui les idées du maître; il leur refusa des expurgations auxquelles
sa droiture ne voulut pas se prêter. Je
pris part à la création du journal *l'Association*,
fondé par Chaudey, pour mettre le public français
au courant des idées coopératives fort peu connues chez nous à cette époque, idées préconisées
en Allemagne par Schulze-Delitzch. Nous étions,
Chaudey et moi, partisans de la liberté, et opposés
à l'ingérence de l'Etat, dans la question sociale,
à l'encontre d'une certaine école en faveur auprès
d'un grand nombre de « jeunes », et qui avaient

tenu ses assises au Congrès de Bruxelles. « Je n'ai pas besoin de vous dire, m'écrivait Chaudey, en 1865, que je m'associe à toutes vos réflexions sur la sottise de Bruxelles. Mais je vous avoue que je n'en tire pas des conséquences aussi alarmantes que vous à l'égard de toute cette jeunesse. Il y a là bien de l'étourderie, bien de la jactance en ébullition, bien de la fantaisie vaporisée. Tout cela se refroidira dans l'air ambiant et retombera en pluie »... Et comme dans une de mes lettres, j'avais discuté Proudhon en lui reprochant de n'être qu'un grand critique incapable d'une synthèse, Chaudey me répondait : « Vous savez que je tiens Proudhon pour une intelligence grandissime. La plume qui a écrit les *Contradictions économiques* est pour moi tout à fait de premier ordre. J'ai connu, pratiqué et beaucoup aimé l'homme. Je suis donc disposé à le défendre pied à pied, tout en admettant qu'il est essentiellement discutable, et que plusieurs de ses idées sont réfutables. Mais je reste convaincu que pour toutes les grandes lignes il a tracé avec une rare perspicacité le plan de la démocratie future, de la République de l'avenir.»

Maire du IXe arrondissement, pendant le Siège, puis adjoint au maire de Paris, l'infortuné Chaudey fut accusé par les partisans de la Commune d'avoir participé à la répression de la petite émeute du 22 janvier 1871. Raoul Rigault, son ennemi personnel, alla le chercher à Sainte-Pélagie, où il était emprisonné, dans la nuit du 23 au 24 mai, pendant que les troupes de Versailles occupaient déjà l'Ouest de Paris, et par un raffinement de cruauté, le fit fusiller sous ses yeux. « Vous allez voir, dit Chaudey, comment un républicain sait mourir. » Ainsi finit cet homme de bien, ce citoyen intègre, ce républicain éprouvé. Il repose au Père-Lachaise, sous un monument que lui a élevé la piété de son ami Cernuschi.

Le 19 mai 1862, à six heures du matin, je sortis de Sainte-Pélagie, précédé de ma grande caisse dans laquelle Blanqui n'avait pas voulu s'évader. Je n'ai revu le révolutionnaire impénitent, l'éternel prisonnier, qu'une seule fois depuis cette époque, à l'hôpital de la Charité. Les jeunes gens qui avaient fait sa connaissance à Sainte-Pélagie venaient l'y voir. Quelques-uns d'entre eux avaient cru devenir ses disciples, mais ils n'étaient en réalité que ses commissionnaires au dehors.

VI

CLAIRVOYANCE PATRIOTIQUE DES ALSACIENS. — LE CONGRÈS DE GENÈVE (1867).

La victoire des Prussiens à Sadowa avait surexcité à tel point les esprits en Allemagne que la terreur de l'Empire français, dominante jusque-là, fit place aux plus ridicules rodomontades. La presse poussait résolument l'opinion dans la voie des revendications et des conquêtes. Les professeurs imaginèrent une géographie nouvelle basée sur la sotte politique des nationalités inaugurée par Napoléon III ; les mêmes hommes qui, depuis dix ans, se lamentaient devant la menace perpétuelle dont l'Empereur des Français inquiétait la paix européenne, avaient échangé leur atttitude pacifique contre l'arrogance de néophytes de la victoire.

J'avais l'habitude de me rendre à Mannheim à la réunion annuelle d'une société industrielle. Après Sadowa, je fus frappé du ton différent qui y régnait. On ne déplorait plus l'ambition de la France, on nous menaçait. Au diner des actionnaires de Mannheim, en 1866, on me plaisanta pour la première fois sur ma nationalité. Un des convives osa même parler d'un ton dégagé de l'annexion de l'Alsace par l'Allemagne. On devine comment je répondis à cet impertinent personnage. Un professeur de chimie bien connu, M. Frésénius, membre du Conseil d'administration de notre Société, se leva pour porter la santé de mon beau-père Charles Kestner, absent, et profita de l'occasion pour me faire remarquer que portant un nom à désinence allemande, j'appartenais en réalité comme lui à la race teutonne. Je n'étais pas très endurant à cette époque. Je sus pourtant me contenir, et je me bornai à répondre à mon interlocuteur que, portant un nom latin, il était lui-même actuellement sans nationalité, et par conséquent, disqualifié pour me plaisanter. Les rieurs se mirent de mon côté, et l'incident fut clos.

A mon retour, je fis part de mon impression à mes amis de Mulhouse. Ils étaient inquiets, non seulement de ces manifestations, mais de l'état où la guerre du Mexique avait mis nos armements. L'Allemagne comptait pourtant encore un grand nombre d'hommes sages, fidèles à la cause de la liberté. Nous résolûmes donc de rédiger un manifeste, au bas duquel nous réunirions le plus grand nombre possible de signatures alsaciennes, et que nous ferions parvenir aux patriotes allemands. Je fus chargé d'écrire le projet de déclaration suivante :

AUX PATRIOTES ALLEMANDS, PROTESTATION ALSACIENNE.

« Depuis quelques mois, des bruits étranges frappent nos oreilles. Des idées que nous croyions emportées par le passé, et qu'on n'aurait pas osé formuler il y a dix ans, sans tomber dans le ridicule, viennent troubler la cervelle de quelques folliculaires allemands...

« Sommes-nous donc tombés assez bas dans l'opinion de nos voisins pour nous trouver en butte à leurs convoitises, et pour qu'ils osent les avouer ?

« Alsaciens ! réunissons-nous pour affirmer notre bon droit! Déclarons bien haut que nous sommes prêts à défendre notre terre française, comme l'ont fait nos pères. Montrons, non aux Rois qui ont intérêt à ne pas voir, mais à nos frères allemands qu'on les trompe, et que nous ne voulons pas d'autre Patrie que celle que nous aimons.

« Cet appel n'est pas une menace : nous ne rêvons d'autres conquêtes que celles de l'intelligence, mais nous sommes prêts, que les Allemands le sachent, à verser jusqu'à la dernière goutte de notre sang, avant de nous soumettre à un soi-disant droit de conquête. »

Le projet de publier cette protestation fut abandonné, je ne sais pour quelle raison. Je l'ai reproduite pour montrer à quel point dès cette époque les Alsaciens voyaient clair au milieu de l'aveuglement de la France.

Le 19 mai 1867, grâce à l'initiative de Jean Macé, alors à Beblenheim, vingt-cinq notables Alsaciens et autant de Badois et de Bavarois, signèrent la déclaration suivante, animée par le même esprit :

« Les soussignés habitant les deux rives du Rhin déclarent répudier énergiquement toute idée d'empiétement d'un peuple sur l'autre, et toute prédication de haine et de guerre entre eux, de quelque côté qu'elle vienne... Ils invitent tous ceux de leurs concitoyens qui partagent leurs sentiments à se joindre à eux, pour former dans les deux pays le parti de la paix... »

Cette déclaration était inspirée par les francs-maçons. Le comité de Strasbourg eut bientôt recueilli son premier millier de signatures. Mais un mot d'ordre venu de la Grande-Loge de Berlin, arrêta net la propagande du côté allemand. Je me figure que si le Grand Maître imposé par Napoléon à la Maçonnerie française en avait donné un du même genre à nos Loges d'Alsace, ce n'est pas là ce qui aurait arrêté notre propagande. Chaque peuple a son tempérament.

Seuls en France les républicains ont vu clair dans les ambitions de la Prusse. Charras prédisait déjà en 1859 les événements qui se sont produits onze ans plus tard. Si on l'avait écouté, nous aurions fait l'économie d'une guerre avec ses conséquences fatales. Une révolution eût coûté bien moins à notre génération, et épargné aux générations à venir des sacrifices immenses en hommes et en argent pour replacer et maintenir la France au rang qu'elle doit occuper en Europe.

Un des événements qui, dans les dernières années de l'Empire, ont le plus contribué à rallier les forces éparses et quelque peu divergentes des républicains, à rapprocher les hommes de liberté et à leur rendre courage, a été le fameux Congrès de la Paix, réuni à Genève, en décembre 1867. L'idée en était née en France, mais ses promoteurs virent peu à peu leur œuvre transformée et élargie. J'ai été le témoin actif de cette transformation : les documents que je possède et les souvenirs qui m'en restent me semblent avoir quelque intérêt pour l'histoire du second Empire et du parti républicain.

J'étais alors au nombre des intransigeants convaincus qu'une révolution était nécessaire. Les premiers organisateurs du Congrès de Genève étaient au contraire ceux que nous appelions à cette époque les prêteurs de serment, ou, pour me servir de l'expression plus énergique de Charras, les « baveurs de serment ». Ils voulaient seulement l'agitation légale. Puisque l'occasion s'en présente, rappelons les mobiles auxquels obéissaient les uns et les autres.

Pour nous, la morale politique et la conduite formaient un tout, un bloc ; on ne pouvait pas, sans forfaiture, détacher l'une de l'autre. Nous ne reconnaissions pas le droit impérial. Il est vrai que les autres ne le reconnaissaient pas davantage, mais ils se servaient des armes qu'ils avaient entre les mains. Nous n'admettions pas qu'on prêtât serment et qu'on ne le tînt pas. Les autres au contraire prétendaient que le serment politique, imposé, n'était plus un serment, sans quoi nos principes et notre vertu nous mettraient toujours à la merci des coquins. Nos principes étaient évidemment supérieurs, mais il est non moins évident pour moi aujourd'hui qu'ils ne nous auraient pas conduits aussi sûrement à la victoire que la ligne de conduite adoptée par les assermentés.

Je n'ai jamais vu d'étonnement aussi profond que celui de Gambetta quand, à l'Assemblée Nationale de 1871, il découvrit en moi l'intransigeance des proscrits de Décembre. Son esprit éminemment pratique ne voulait connaître que la politique efficace, la « politique des résultats », et ne pouvait comprendre la mentalité d'un homme intelligent se condamnant à l'impuissance et se contentant « d'avoir raison ». C'est seulement après m'avoir vu adopter les idées préconisées par lui avec tant d'éclat, qu'il finit par m'accorder sa confiance et son amitié. Les « jeunes » de Paris, vers 1867, se divisaient en deux catégories : les uns étaient avec les proscrits, les autres avec ce qu'on appelait l'opposition républicaine. Les premiers, moins nombreux, ont formé, après 1870, les cadres du parti, et fourni le personnel le plus énergique, le plus hardi aux jours de péril ; les seconds ont été des parlementaires, d'excellents administrateurs, et des ministres.

Ces derniers furent les organisateurs du Congrès de Genève. Mais les autres voulurent y exercer leur action dans un sens plus énergique. Emile Acollas et quelques-uns de ses amis se donnèrent pour mission de concilier les esprits et de fusionner toutes les forces républicaines.

Mon procès et les relations qu'il me valut m'avaient donné une certaine notoriété parmi les intransigeants, et Acollas, sur le conseil de Naquet, m'engagea à me rendre au Congrès de la Paix. Je répondis d'abord que le programme me semblait insuffisant, et qu'en dehors de la chute de l'Empire, le reste nous importait peu à mes amis et à moi. Naquet, dans une lettre du mois de juin, revint à la charge. « Il ne s'agit pas, disait-il, d'aller prononcer des discours ronflants sur la fraternité des peuples, mais de faire un acte politique. Il ne faut pas prêcher uniquement la paix ; la paix, quand nos ennemis tiennent le pouvoir et nous écrasent, ce serait une renonciation à nos droits. Il s'agit bien au contraire de montrer que la paix est inséparable de la République, et que si les peuples veulent éviter la guerre, ils doivent commencer par faire un effort suprême pour écraser le despotisme dans toute l'Europe. Malheureusement, tout le monde ne pense pas comme moi... C'est pourquoi je prie tous les vrais amis de la République, tous les hommes de cœur qui comme vous luttent sans découragement depuis longtemps, de venir assister au Congrès. »

Je fis savoir à Naquet que je ne m'associerais pas à cette œuvre si les « anciens », les « vieux » que je considérais toujours comme nos chefs véritables, n'y adhéraient pas les premiers. Naquet me répondit qu'il était de mon avis, et qu'il avait demandé leur adhésion à Ledru-Rollin, à Schœlcher, à Mazzini et à Garibaldi. Ce dernier avait déjà répondu en acceptant. Acollas revint à la charge, en me demandant d'insister personnellement auprès de Ledru-Rollin, de Barbès et de Schœlcher. Je devenais donc un intermédiaire entre mes amis de l'étranger et les « opportunistes » de Paris, pourrais-je dire, si le mot avait été inventé. Ma correspondance avec Acollas fut très active pendant tout l'été de 1867. Je n'ai pas conservé copie de mes lettres, mais j'ai retrouvé le texte de plusieurs d'entre elles saisies par la police, dans le compte-rendu du procès de Manœuvres à l'Intérieur, fait à la fin de décembre 1867 à Acollas, Naquet et Verlière (le procès dit des trois bossus). Acollas avait eu l'incroyable imprudence de conserver ma correspondance, heureusement non signée ; on ne reconnut pas mon écriture, sans quoi la loi de Sûreté générale m'eût fait déporter sans jugement. Je tenais toujours pour mon idée, et mes amis de la proscription suisse partageaient ma manière de voir.

9.

Quant à la proscription de Londres, j'ignorais quelle serait son attitude. La différence était grande entre les deux groupes. Autant les réfugiés de Suisse, comme Flocon, Marc Dufraisse, Chauffour, Barni, étaient simples, bons camarades, sacrifiant tout au sentiment de solidarité, autant ceux de Londres s'entendaient peu ; ils mettaient même le public au courant de leurs misérables querelles. Je ne fais d'exception que pour Schœlcher et pour Valentin.

C'est principalement Ledru-Rollin qui donnait à la proscription de Londres cet aspect froid et réservé, surtout vis-à-vis des jeunes. Je l'ai visité en 1856, en compagnie de mon beau-père, son ancien collègue aux Assemblées de 1848 et de 1849. Il produisit sur moi une impression assez peu sympathique. Il se regardait comme le principal des proscrits et ne s'en cachait pas ; il parlait de tout avec importance, en un mot, il pontifiait. C'est du reste chez lui qu'allaient tout d'abord ceux qui avaient besoin d'un sauf-conduit moral pour entrer dans les voies qui conduisent à la députation. Ainsi de Jules Simon, ainsi de Léonor Havin. Ledru-Rollin, malgré certains petits ridicules que lui reprochaient doucement ses amis (il se teignait les cheveux), était un honnête homme au cœur plein de noblesse que la vanité a été impuissante à altérer.

Qui n'a pas vu l'impression produite sur Gambetta par son éloquence d'outre-tombe, quand, le 3 juin 1874, Ledru parla à l'Assemblée de Versailles, sur le suffrage universel, n'a jamais su ce qu'est l'étonnement poussé jusqu'à la stupéfaction. Gambetta n'en revenait pas de ce sentimentalisme stérile et démodé, en retard de vingt-cinq ans. Ce qui ne l'empêchait pas d'applaudir avec respect le vieux lutteur dont ce discours fut le chant du cygne (1).

Le 13 juillet, Acollas m'écrivit de nouveau :

« Quinet me dit ce matin : Je suis vaincu, et il adhère ; Victor Hugo aussi ; Despois a adhéré

____

(1) A ce sujet, je rappellerai une anecdote de l'Assemblée nationale. Après le discours de Ledru-Rollin, comme Gambetta, Challemel-Lacour et Spuller causaient dans la galerie des Tombeaux, le baron de Soubeyran, député monarchiste de la Vienne, s'approcha d'eux en disant : « Eh bien, Messieurs, cet effondrement de Ledru n'est pas pour vous déplaire ! » Gambetta se contenta de lever les épaules avec dédain, mais Challemel répondit : « Monsieur de Soubeyran, nous croyez-vous, par hasard, une âme comme la vôtre ? » Quelques instants après, M. de Rémusat abordant le même groupe dit à Gambetta : « Vous avez sans doute été surpris de l'échec de Ledru-Rollin ? Pas nous, qui avons connu le célèbre homme d'Etat à la Chambre des députés de Louis-Philippe, avant le coup d'aile de 1848. C'est après le 24 février que Ledru nous stupéfia, car auparavant il avait toujours parlé assez médiocrement, en bon avocat, mais d'une façon très terre à terre, comme tout à l'heure. Il me semble que je viens d'entendre le Ledru de 1847. »

dès l'origine. Ne sont-ce pas là vos hommes ? Oh ! je vous supplie, ne laissez pas perdre le mouvement. L'abstention pour les jeunes générations, c'est le néant. Allons, ne discutons plus sur des formes d'action, mettons-nous-y tous, mettons-nous-y de tout cœur... »

Huit jours après, tous nos amis s'étaient en effet rendus. Le 21 juillet, après les avoir consultés individuellement, je répondis à Acollas :
« J'adhère à votre programme qui a l'avantage de donner au Congrès une tournure républicaine. J'irai à Genève. Je n'ai jamais été partisan de l'abstention quand il s'agit d'attaquer les scélérats qui se sont emparés de notre patrie. Relevons le drapeau de la République. »

Si j'ai donné ces détails, c'est qu'ils sont de nature à faire saisir sur le vif la différence qui existait dans la manière de comprendre la politique entre les vieux et les jeunes. Les préventions étaient réciproques. A l'Assemblée nationale, elles survivaient encore. Pour les faire disparaître, il a fallu tout le dévouement, tout le génie persuasif de Gambetta. Que de fois l'illustre patriote n'a-t-il pas dû faire des prodiges de diplomatie pour effacer certaines jalousies datant de 1848 ! Au commencement, malgré le prestige de la Défense nationale, les « vieux » supportaient malaisément la suprématie indiscutable de Gambetta. Lorsque par exemple celui-ci présentait un projet et que Quinet s'y était rallié, on pouvait être certain que Louis Blanc ferait opposition, sauf à se rallier ensuite, car Louis Blanc était de très bonne foi dans la discussion, malgré son naturel ombrageux. Victor Hugo accepta un des premiers, avec la simplicité du génie, la direction politique du « Dictateur ». D'autres se plièrent difficilement. Nous avons eu beaucoup de peine à leur faire voter la Constitution de 1875.

Mais j'anticipe sur les événements. Revenons à 1867. Je marchais avec les « vieux » à cette époque, et mes amis et moi nous n'étions pas en odeur de sainteté auprès des nouveaux ; les jeunes les plus ardents se ralliaient à nous, mais nous n'avions pas le nombre. Je suis d'avis aujourd'hui que les uns et les autres ont été utiles. Je reconnais que la nouvelle école nous a appris à faire de la politique pratique, et à nous constituer une majorité dans le pays. Jamais nous n'y serions parvenus, si nous n'avions eu avec nous que les « vieux de 1848 », à qui les leçons du passé n'avaient pas toujours servi. Le Congrès de Genève nous rapprocha pour la première fois les uns des autres. Ce rapprochement n'eut que de bons résultats.

Genève était à ce moment gouvernée assez autocratiquement par James Fazy, un démocrate ami de Napoléon III, peu désireux de voir sa ville devenir un foyer de révolutionnaires. Il chercha à créer des difficultés aux organisateurs du Congrès, mais discrètement, car ses électeurs démocrates ne lui eussent pas permis de contrecarrer ouvertement les intentions des républicains d'Europe. Du reste, il trouva une aide puissante chez ses adversaires du parti catholique, qui, dès l'arrivée de Garibaldi, commencèrent le tapage sous la conduite de l'évêque Mermillod. Le parti catholique de Genève était une minorité active et remuante : l'attitude de Garibaldi et des congressistes italiens venus avec l'idée bien arrêtée et l'intention affichée de protester contre le pouvoir temporel du pape et contre l'occupation de Rome par les Français, fournit un prétexte à une levée de boucliers cléricale. D'autant que sur ce point, les républicains français appuyaient les patriotes italiens. L'occupation de Rome avait été le péché originel de la République (sous Cavaignac, et le prince Louis Bonaparte) et de l'Empire. En dépit de la campagne de 1859, nous devions la payer cher bientôt, en 1870. On ne saurait aujourd'hui se rendre un compte exact de l'état aigu de la question du pouvoir temporel à cette époque. Un révolutionnaire italien, depuis député modéré, et rallié à la maison de Savoie, que j'avais connu chez Charras, Philippe de Boni, un des rares hommes qui jouirent de la confiance du défiant Mazzini, avait coutume de dire que pour faire la Révolution en Italie, on devait imiter les Français de 1793. « *Il faut*, nous disait-il, *touer oune pape*. »

La question de l'existence de la papauté était donc pour les Italiens la première question. Aussi, est-il très naturel que la première parole de Garibaldi, en entrant à Genève, fût un anathème contre Pie IX.

Les Allemands s'étaient divisés sur le programme du Congrès de la Paix. Les démocrates, comme Goegg, faisaient cause commune avec les républicains ; d'autres comme le libéral-progressiste Schulze-Delitzsch, qui s'était réconcilié avec la politique prussienne, écrivaient, en réponse à l'invitation du Comité français de Paris : « Nous sommes, nous autres Allemands, le plus pacifique de tous les peuples. Mais au point de vue politique, l'adhésion des chefs de la Démocratie allemande à la Ligue de la Paix, serait une faute qui compromettrait à jamais son influence, car cette démarche paraîtrait antinationale, en ce moment où l'on ne parle en Allemagne que des armements de la France. »

« L'Allemagne est le peuple le plus pacifique de la terre ! » C'est ainsi que le jugeaient peut-être les philosophes, ceux qui vivaient dans leur bibliothèque, et qui accusaient la France, après Sadowa, de vouloir conquérir la rive droite du Rhin. J'ai montré qu'en Alsace nous étions plus clairvoyants.

Heureusement, pour l'honneur des Allemands, quelques-uns d'entre eux répudiaient les doctrines de Schulze-Delitszch. C'est ainsi que Goegg adhéra au Congrès sans restriction, et amena l'adhésion d'hommes éminents comme Louis Buchner, Charles Roeder, Sonneman, etc.

La France était représentée par les principaux d'entre les proscrits et les républicains de l'intérieur. Il y avait Louis Blanc, Victor Hugo, Albert, ancien membre du Gouvernement provisoire en 1848, Quinet, Carnot, Schœlcher, Jules Favre, Jules Simon, Eugène Pelletan, Acollas, Henri Brisson, Auguste Barbier, l'auteur des *Iambes*, Lavertujon, Gustave Isambert, plus tard rédacteur en chef de la *République française* et député, Le Monnier, Adrien Hébrard, directeur actuel du *Temps*, Massol, un des grands chefs de la Maçonnerie, Antonin Proust, Elisée Reclus, Seinguerlet, Jules Vallès, Barni, Wyrouboff, Eugène Despois, l'auteur du *Vandalisme Révolutionnaire*, Vacherot, Duménil, plus tard Directeur au Ministère de l'Instruction publique, Naquet, Gustave Flourens, Littré, etc., etc. Parmi les étrangers de marque, Mittermayer, Grün, Goegg, Stuart-Mill, Hertzen, Mauromachi, Bakounine, Ferrari, etc.

La seule liste de ces noms donne une idée de l'importance du Congrès mieux que ne pourraient le faire le compte rendu de ses discussions et surtout l'énoncé un peu maigre de ses résultats pratiques. Pour la France, le meilleur résultat, mais il était considérable, je le répète, fut de mettre en rapport les diverses fractions du parti républicain que les événements et des préventions réciproques avaient séparées pendant de longues années.

Garibaldi fut élu président. Celui que Mazzini appelait une « tête de bois » fit preuve d'une rare habileté. Gambetta le tenait pour un profond politique, pour un metteur en scène de premier ordre. « Je l'ai vu à l'œuvre en 1870 à l'armée de l'Est, me disait plus tard Gambetta, et pendant les tentatives séparatistes de Nice. J'ai trouvé en lui non seulement un homme courageux et droit, mais une nature des plus déliées, un fin négociateur.

Croyez-vous, ajoutait-il, que c'est sans intention et sans raison aucune qu'il a toujours porté son costume voyant? Il a toujours su passionner, convaincre et conduire les hommes. »

Lorsque Gambetta me tenait ces propos, je me rappelais l'attitude de Garibaldi au Congrès de Genève. Les adversaires les plus déterminés du Papisme lui en voulurent un peu d'avoir donné au Congrès ce qu'on appelait le coup de grâce, en l'engageant dès le premier jour dans la guerre au Pape. Mais Garibaldi savait bien ce qu'il faisait, et se montrait italien jusqu'aux moelles, un vrai disciple de Machiavel, en s'arrangeant de manière que le premier vote du Congrès fut une œuvre italienne par excellence. Le coup porté, il se retira, jugeant son œuvre accomplie. A partir de ce moment le Congrès fut une réunion violente que rien ne vint apaiser. Néanmoins, grâce à l'esprit d'initiative et à la prudence relative des Français, le programme fut voté, et nous pûmes nous retirer avec l'espoir que cette manifestation ne resterait pas stérile.

VII

LE « CABINET NOIR » ET LE SECRET DES LETTRES SOUS
L'EMPIRE.

Dans une lettre sans doute écrite à Napoléon III, et publiée dans les *Papiers saisis aux Tuileries*, M. de Persigny avouait nettement l'existence du « Cabinet Noir », existence effrontément niée à la tribune, nous le verrons, par les ministres et les hauts fonctionnaires de l'Empire. A propos d'une circulaire maladroite adressée à ses subordonnés par M. Vandal, directeur général des Postes, et à la suite d'une polémique de presse, Etienne Arago, ancien directeur des Postes en 1848, mis imprudemment en cause, publia une brochure où il démontrait que la République, loin de conserver le Cabinet Noir de Louis-Philippe, l'avait supprimé immédiatement après le 24 février. Arago avait eu la délicatesse de ne désigner certains hommes compromis que par leurs initiales. Mais il me donna un exemplaire avec les noms en toutes lettres, enrichi de notes manuscrites complémentaires, en m'autorisant à en faire librement usage.

Louis-Philippe avait hérité, très indirectement, de Louis XV, le goût de faire rechercher dans les correspondances privées le récit des intrigues scandaleuses. A ce sujet Léon de Maleville m'a raconté une amusante histoire dont Thiers fut le héros. Un jour, en 1840, Thiers étant Président du Conseil, se fit attendre à une réunion des Ministres aux Tuileries. Il s'agissait d'aller passer une revue de la garde nationale. On le chercha inutilement chez lui et à son ministère. Alors le roi s'adressant à Maleville, lui dit en riant : « Allez donc le prendre où il est, rue de Vaugirard, tel numéro. » Maleville sauta en voiture, et à l'adresse indiquée, entra dans la cour d'un vaste immeuble. Comment faire pour découvrir le Président, sans le compromettre ? Le sous-secrétaire d'Etat eut une idée de génie. Il se mit à crier d'une voix de stentor : « Adolphe ! Adolphe ! » Au troisième étage une fenêtre s'entrebâilla bientôt, et un petit homme en lunettes apparut dans le simple appareil... Dès qu'il vit l'immense Maleville, M. Thiers se souvint de la revue, s'habilla à la hâte, et arriva aux Tuileries.

« Monsieur le Président du Conseil, vous êtes en retard, dit le roi en souriant. — Je fais mes excuses à Votre Majesté, mais je me préparais. — Je regrette de vous avoir interrompu dans vos préparatifs », répondit Louis-Philippe avec son air pince-sans-rire. On voit que le « Cabinet Noir » a parfois du bon, et que le Gouvernement de Juillet ne surveillait pas seulement ses ennemis. L'Empire l'a imité sur ce point.

Etienne Arago, respectueux du secret professionnel, ne donne pas les noms des agents et des collaborateurs du bureau mystérieux. Je l'imiterai en ne nommant pas X..., membre illustre de l'Académie des Sciences, qui ne craignait pas de mettre ses connaissances chimiques au service d'une surveillance inavouable.

Maxime Du Camp, dans une étude sur l'administration, en partie publiée par la *Revue des Deux-Mondes*, osa nier l'existence du « Cabinet Noir », sous Napoléon III. Les gens de l'Empire durent bien rire de la naïveté de Maxime Du Camp, en admettant qu'il fût naïf.

Depuis ma condamnation en 1862, j'avais eu souvent la preuve manifeste que toutes mes lettres, lorsque j'étais à Paris, m'arrivaient avec une grande irrégularité, ou plus exactement, avec un retard d'une régularité désespérante. J'habitais le Grand-Hôtel, et tous mes amis recevaient leurs lettres d'Alsace à huit heures du matin. Les miennes, quand elles n'étaient pas chargées, ne m'étaient remises qu'à la distribution suivante. Voulant en avoir le cœur net, j'écrivis de Thann, le 12 février 1867, au *Temps* et à *l'Avenir National* une longue lettre qui fit grand bruit. J'y affirmais hautement l'existence du Cabinet Noir, ou *Bureau des retards*, en établissant avec preuve à l'appui, que depuis quatre ans, pendant mes quatre séjours annuels à Paris, mes lettres d'Alsace m'arrivaient en retard, maculées, déchirées, après avoir été décachetées. Elles étaient, je l'avais su, mises au bureau de Thann sous une enveloppe spéciale, nous dirions aujourd'hui « hors sac ». Elles ne portaient donc pas le timbre du bureau ambulant ; en outre, au Cabinet Noir, on négligeait d'y apposer le timbre de Paris. Mon courrier ne recevait donc qu'un timbre, celui de Thann, au lieu des trois réglementaires. J'offrais de mettre à la disposition de qui de droit toutes les enveloppes constatant cette manipulation frauduleuse.

Il paraît que l'affaire n'était pas bonne pour l'administration. Elle ne donna pas signe de vie, et on me laissa tranquille, quoique je fusse sous le coup de la loi de Sûreté générale. Ce que voyant, mon ami Eugène Pelletan posa au gouvernement, à la séance du Corps législatif du 22 février suivant, une question sur le secret des lettres. Le directeur général Vandal, gendre du baron de Heeckeren, opposa à Pelletan les protestations les plus pudibondes et les plus indignées. Il osa nier l'existence du Cabinet Noir. Picard intervint et exposa mon cas, en se référant à ma lettre du 12 février aux journaux, et en soulignant le silence significatif du gouvernement devant mes allégations précises. Rouher crut devoir venir au secours de Vandal. Il nia lui aussi comme un beau diable, bien qu'il sût que le Cabinet Noir existait, et que les lettres des adversaires du gouvernement n'étaient pas seules décachetées. Trois ans plus tard, le 14 janvier 1870, le « Bureau du Retard », pour employer l'euphémisme administratif, fut supprimé un peu avant la constitution du ministère Ollivier. Dans une lettre au *Réveil* de Delescluze, le 2 février 1870, je pris acte de cette mesure qui venait confirmer ma précédente accusation. Le Cabinet Noir fut rétabli le 23 juillet 1870 pour disparaître définitivement le 4 septembre.

En août 1871, M. Emile Lambry, rédacteur de *la Vérité*, publia une brochure intitulée *les Mystères du Cabinet Noir sous l'Empire*, dans laquelle il exposa le mécanisme de cette institution impériale et les hauts faits de son directeur Simonel. Or, un an plus tard, au mois de juillet 1872, j'étais député à l'Assemblée nationale quand un huissier de l'Assemblée me remit une carte de visite portant justement le nom de M. Simonel, avec au-dessous ces mots écrits à la plume : « Exchef du service dit du *Cabinet Noir*, serait heureux de vous faire une petite confidence si vous jugiez à propos de lui accorder une minute d'audience... » Je retournai longtemps la carte entre mes doigts avant de me décider à recevoir un individu de cette espèce. Mais la curiosité me poussa vers la salle du public. Là je trouvai un petit homme brun, de piteuse apparence, l'air maladif, les cheveux plats collés sur un front jauni, et vêtu d'une redingote noire. Il s'approcha assez gauchement de moi. « Pardon, Monsieur le député, me dit-il, si je vous ai dérangé. Mais j'ai des choses intéressantes à vous communiquer, et j'ai pensé que m'adressant à vous pour un acte de justice vous ne refuseriez pas votre concours. » J'eus peine à cacher à ce misérable le dégoût qu'il m'inspirait. Il continua en me disant qu'ils étaient trois employés au Cabinet Noir, qu'on l'avait chassé, lui, en gardant les deux autres dans l'administration et qu'il demandait au nom de la justice, ou la révocation de ses deux collègues ou sa propre réintégration.

Devant ce cynisme, j'allais m'emporter, mais Simonel continua en me communiquant copie d'une lettre écrite par lui le 19 novembre 1870 à Picard, alors ministre des Finances, « lettre, ajouta-t-il, qui est pour vous, Monsieur le député, du plus grand intérêt ».

Je pris cette pétition, longue et intéressante, un chef-d'œuvre de cynisme et d'habileté. Simonel protestait contre sa révocation, demandait à être réintégré dans son grade de chef de section, et exposait tout au long le mécanisme de l'institution du Cabinet Noir sous l'Empire, en se couvrant des ordres de ses chefs hiérarchiques. Il citait à l'appui de ses affirmations la lettre adressée par moi au *Temps* en 1867. Il nommait en outre les agents de la Préfecture de police qui l'avaient aidé dans sa besogne criminelle : les commissaires de police Musse de 1851 à 1859, Marseille et Bérillon de 1859 à 1870, et reconnaissait avoir copié pour l'Empereur notamment les lettres de la reine de Hollande et du prince Napoléon publiées dans les *Papiers saisis aux Tuileries.*

N'ayant pas obtenu de réponse de Picard, le père Simonel adressa à M. Thiers une lettre conque dans les mêmes termes dont il me laissa également copie.

Mon premier soin après avoir pris connaissance de ces aveux fut de faire lire la lettre à Ernest Picard. Il en reconnut l'authenticité, me dit l'avoir reçue, mais sans en tenir compte.

Les complices de Simonel, Marseille et Bérillon, ne furent pas inquiétés. Vandal s'était fait justice en démissionnant au 4 Septembre. Que penser de ses serments et de ceux de Rouher après la démonstration lumineuse de Simonel ? Il paraît que la politique autorise et justifie de pareils mensonges, puisque ceux qui s'en sont rendus coupables ne perdent pas pour cela l'estime de leurs pairs. Simonel, de guerre lasse, chercha à se faire oublier. C'était un habile homme. Je voulus donner sa lettre à Taxile Delord qui écrivait alors son *Histoire du Second Empire*. Il me dit que le chef du Cabinet Noir était venu le trouver un mois auparavant, et lui avait arraché la promesse de ne pas le nommer.

Mais je n'en ai pas fini avec Simonel. Avant de me quitter, il me dit tenir des documents intéressants à ma disposition, et ajouta qu'il ne serait même pas éloigné de les céder pour un prix raisonnable. J'avais un pied dans le crime, j'y mis le second, en consentant à prendre connaissance de ces documents que Simonel déposa le lendemain chez mon concierge. C'était la copie de sa main de plusieurs centaines de lettres, toutes intéressantes, émanant pour la plupart de hauts fonctionnaires de l'Empire. Quelques-unes seulement, les plus anciennes, portaient la signature de républicains et de proscrits. Une de ces dernières avait été écrite par Charras à Clément Thomas. Elle me servit à contrôler l'authenticité des autres, car Mme Clément Thomas trouva l'original absolument conforme dans les papiers de son mari. Le dossier contenait une grande quantité de lettres de Bazaine, de Baroche, de Rouher, etc. La présence des lettres de Bazaine confirme ce que dit M. Lambry dans la brochure citée plus haut : « Où le chef du Cabinet Noir eut fort à faire, c'est lors de l'expédition du Mexique. On peut dire qu'à l'arrivée de chaque paquebot il ne débridait pas pendant trois jours et trois nuits. L'Empereur ne se fiait pas entièrement aux renseignements officiels fournis par ses généraux, et toutes les lettres particulières adressées à leurs familles par les officiers supérieurs lui étaient fidèlement remises ». *Fidèlement* est une trouvaille. En tout cas, Napoléon III surveillait ses amis autant et plus que ses adversaires. Il n'avait peut-être pas tort.

Je conservai ce dossier pendant six mois, hési-
tant à m'en rendre acquéreur, me demandant
surtout si j'en avais moralement le droit, parfois
résolu à le brûler sans le rendre au coquin qui
l'avait copié.

Enfin, le 22 février 1873, Simonel m'écrivit pour
me réclamer ses lettres, et je les lui rendis. J'i-
gnore s'il a trouvé un acquéreur moins scrupuleux.

VIII

De 1862 à 1866, sans négliger, comme on l'a
vu, la politique militante, je poursuivis avec
acharnement mes travaux scientifiques. J'étais à
cette époque rédacteur en titre du *Bulletin de la
Société chimique de Paris*. En 1864, je fus nommé
membre correspondant de la *Naturforschende
Gesellschaft* de Bâle, et en 1866 cette ville m'appela à faire partie, avec deux célèbres savants
allemands, d'une commission d'enquête sur la
salubrité de ses eaux; je reçus à cette occasion
une médaille d'or. En 1869, la Société Industrielle
de Mulhouse, dont j'étais un des membres les
plus assidus, me décerna une grande médaille
d'or hors cadre pour mes travaux sur la combus-
tion de la houille, faits en collaboration avec
Charles Meunier-Dollfus, mon fidèle compagnon
d'études, avec qui je devais partager plus tard la

direction de la fabrique de produits chimiques de
Thann. Voilà certes des titres de noblesse assez
modestes, mais j'y tiens comme au plus riche
des patrimoines. Les honneurs qui me sont venus
plus tard ne m'ont pas laissé indifférent, mais
ils m'ont toujours paru de moins bon aloi.

Vers cette époque mon ami Clemenceau, interne
des hôpitaux, vint faire un séjour à Thann. C'était
un brillant élève de Robin, qui fit honneur à son
maître. Sa thèse sur la *Génération des éléments
anatomiques* eut l'honneur, rare pour les travaux de ce genre, d'une réimpression. Sa verve
inépuisable et son esprit primesautier firent
dans notre milieu une vive impression. A Mulhouse je nouai des amitiés précieuses, accueilli
avec une touchante bonté par le vénérable Daniel
Kœchlin, dans sa belle propriété de La Vanne,
où je me liai étroitement avec ses fils, notamment avec Camille, chimiste distingué, esprit curieux, philosophique et original; avec Carlos, trop
tôt enlevé par la mort, ainsi qu'avec Alfred, qui
devait être mon collègue à l'Assemblée nationale.
Cette famille Daniel Kœchlin, riche en hommes
éminents, profondément dévouée aux idées démocratiques, mettait avec une générosité princière
sa grande fortune au service des idées républicaines et de toutes les œuvres scientifiques.

La mauvaise santé de ma femme nous imposa divers séjours dans le Midi et motiva un voyage en Italie, où j'éprouvai mes premières émotions artistiques devant les œuvres des grands maîtres. La révélation fut pour moi soudaine, je revins de Florence et de Rome avec d'autres yeux. Il me semblait qu'une partie de mon cerveau, restée obscure jusque-là, s'était ouverte à la lumière.

En passant à Gênes, je fus au premier abord assez surpris de voir mes noms et prénoms inscrits sur les registres de l'hôtel Feder à la date de 1860. Je me souvins à la réflexion que j'avais à cette époque prêté mon passeport en grattant le chiffre de l'âge, à Charras, qui avait été appelé par Mazzini pour prendre part à l'expédition des *Mille*. Charras, adversaire déterminé de la guerre de 1859, redoutant pour la France l'unité de l'Italie, surtout faite au nom et dans l'intérêt de la Maison de Savoie, voulait pour la Péninsule une fédération républicaine. Mazzini, parfois peu difficile sur le choix des moyens, donna à Charras les assurances les plus formelles dans ce sens. Mais dès que mon beau-frère, arrivé à Gênes, eut vu Bertani, le représentant de Mazzini, et examiné avec lui les préparatifs de l'expédition de Sicile, il s'informa naturellement des ressources financières dont pourraient disposer les conjurés.

Bertani, que Mazzini n'avait pas mis au courant des sentiments de Charras, parla alors de l'appui de Cavour et de la complicité à peine déguisée du Gouvernement sarde. Charras, ne voulant pas faire les affaires de la Maison de Savoie, repartit pour Bâle le lendemain.

Rome était encore la ville papaline, avec son aspect si pittoresque et son insécurité absolue. Impossible d'aller le soir au Colisée sans une escorte de police. De même à Naples, où nous ne pûmes visiter ni Pœstum, ni même Pouzzoles. Nous assistâmes du moins de très près au miracle de saint Janvier grâce à un fort pourboire donné à un prêtre. Je pus ainsi me rendre un compte exact de la façon dont le *miracle* s'effectue. Un prêtre prend le reliquaire, qui ressemble assez à une lanterne de voiture, car le haut et le bas sont munis d'un tube pareil à celui qui renferme la bougie d'une lanterne. On remarque à l'intérieur deux petits ballons de verre, dont l'un est brisé, et l'autre rempli d'une matière brune, solide, le sang de saint Janvier. On raconte que le ballon brisé est l'ancien reliquaire cassé au siècle dernier, et que le ballon plein a été fabriqué par Cagliostro pour remplacer le premier. Dans la chapelle incendiée par des milliers de cierges, la chaleur était suffocante. Peu à peu la matière brune contenue dans l'ampoule commença à se fondre, sous l'influence de la chaleur ambiante, et de celle qui provenait des mains de l'opérateur. Mon opinion était faite. Cagliostro ou tout autre charlatan a introduit dans le ballon un corps gras coloré dissous dans une huile légère et qu'une chaleur de 30 à 35 degrés peut faire fondre : j'ai opéré aisément le *miracle* dans mon laboratoire en dissolvant du spermaceti dans de l'éther ou dans un mélange d'alcool et d'éther.

En juillet 1864, je fis un nouveau voyage assez original, à cause du moyen de locomotion. Mon beau-père Charles Kestner souffrait cruellement depuis plusieurs années d'une maladie restée obscure, qui lui rendait insupportable la marche et l'usage des voitures ou du chemin de fer. Les médecins lui ayant conseillé les eaux de Wiesbaden, nous songeâmes à employer la voie d'eau et je fus chargé d'organiser le voyage. J'achetai à Mulhouse un vieux chaland, sur lequel je fis construire une maison en bois avec trois chambres à coucher pour le malade, pour sa fille Hortense (depuis Mme Charles Floquet) et pour moi, un salon, une cuisine, et une chambre de domestique. Il fallut faire en train spécial le court trajet de Thann à Mulhouse. Là nous nous embarquâmes sur le canal, avec un temps admirable, pour Huningue. Dix habiles rameurs, connaissant bien les bancs de sable du Rhin, nous menèrent le premier jour jusqu'à Vieux-Brisach, non sans danger, car nous nous ensablâmes sur un banc où le courant violent faisait tourner le bateau comme une toupie. Le second soir nous atteignîmes Strasbourg, où nous couchâmes sur le chaland, après avoir offert à dîner à des amis strasbourgeois qui étaient venus nous rendre visite. En sept jours, par Mayence, nous arrivâmes à Bieberich, terme extrême de notre navigation, après le voyage le plus curieux et le plus reposant que j'aie fait dans ma vie.

Deux mois de séjour à Wiesbaden n'apportèrent malheureusement aucun soulagement à la maladie de Kestner, et le retour fut moins pittoresque. Le chaland remorqué par un petit vapeur nous ramena à Strasbourg, puis à Mulhouse.

Je fis en 1869 un autre voyage en Allemagne pour conduire à l'école commerciale de Leipzig mon jeune frère Jules, accompagné de ma mère. Celle-ci avait bien besoin de distraction et de repos au grand air, car depuis des années, souffrant elle-même d'une maladie de cœur, elle vivait comme une garde-malade auprès de mon pauvre père, atteint d'intolérables douleurs nerveuses, d'insomnie et de tous les maux qui accompagnent ordinairement ces misères. Mes parents passaient tous les hivers confinés à Nice ou à Alger. Ma mère ne put supporter les émotions de la guerre et les angoisses de l'annexion. J'eus la douleur de la perdre deux mois après.

Mais la France commençait à se lasser du silence imposé par l'Empire. De tous côtés le besoin de « manifester » se faisait sentir. On saisissait avec une véritable passion toute occasion de se compter sur le dos de Napoléon III. C'est ainsi qu'en 1866, après l'assassinat du président Lincoln, quelques-uns de nos amis eurent l'idée de frapper une médaille à sa mémoire. Le *Phare de la Loire* de Nantes, dirigé par les frères Mangin, journal cher aux républicains et qui a droit à toute leur reconnaissance, lança la souscription ; je me chargeai de recueillir les fonds en Alsace. Nos listes arrivèrent les premières au *Phare*.

Etienne Arago commanda la médaille à Francis Magniadas, et la fit frapper à la Monnaie. Elle est fort belle et porte en exergue ces mots : « *Lincoln, l'honnête homme, sauva la République sans voiler la statue de la Liberté.* » L'épigramme visait Napoléon III, elle fut comprise par les souscripteurs et par le souverain.

En avril 1869, ma belle-sœur Hortense Kestner

épousa Charles Floquet, qui avait été mis en relation avec notre famille par un vieil ami, Charles Thomas, ancien directeur du *National*. Floquet était un des hommes les plus distingués du nouveau parti républicain. Avocat de talent, il possédait au plus haut point le courage physique et le courage moral. On lui attribuait à cette époque le cri de « Vive la Pologne, Monsieur ! » poussé devant le tzar Alexandre II lors de sa visite au Palais de Justice en 1867. Mais cette attribution n'est pas justifiée. Le cri de « Vive la Pologne ! » venait d'un groupe d'avocats dont Floquet faisait partie, mais sans l'adjonction du « Monsieur ! » qui souleva tant de polémiques, et qui aurait eu un caractère presque injurieux.

Floquet était arrivé à Thann légèrement blessé à la suite d'un duel politique, circonstance qui contribua peut-être à lui gagner le cœur de sa fiancée. Le mariage eut lieu sans cérémonie religieuse. Un bal termina cette grande journée, et nous vîmes partir avec regret la charmante fille dont la beauté et la grâce allaient laisser un si grand vide au milieu de nous.

Nous approchons de l'année terrible qui a fait saigner tant de cœurs et couler tant de larmes, de cette année qui a mis la France à deux doigts de su perte, lui coûtant deux de ses plus fidèles et plus belles provinces, et clôturant l'ère des folies impériales par un désastre national sans exemple.

IX

L'ÉTAT D'ESPRIT EN ALSACE. — LE PLÉBISCITE. —· LA
GRÈVE DE 1870. — LE « VOLKSBOTE ».

Depuis quelques années, l'Empire sentait le
terrain se dérober sous ses pieds. Ses politiques
avisés avaient réussi à créer l'unité de l'Italie tout
en s'assurant contre la reconnaissance des Italiens par l'occupation de Rome, et laissé l'Allemagne se constituer puissante et forte de l'autre
côté du Rhin. Les désastres du Mexique, l'exécution du malheureux empereur Maximilien, la
fondation de nouveaux journaux d'opposition irréconciliable comme *le Réveil*, dans lequel Delescluze défendait la politique intransigeante des
proscrits, le procès Baudin où Gambetta se révéla
comme par un coup de tonnerre, les élections de
1869 suivies de près par l'assassinat de Victor
Noir et le plébiscite, étaient les avant-coureurs
de l'effondrement définitif. Je ne parlerai pas de

ces événements souvent racontés, voulant me restreindre à ceux, moins connus, qui se déroulèrent en Alsace sous les dernières années du règne de Napoléon III.

La situation de l'Alsace à cette époque est intéressante à étudier. Les passions y ont toujours été vives, surtout dans notre Sundgau (Haut-Rhin) où les luttes séculaires, les invasions répétées, les convoitises perpétuelles dont nous avons été l'objet ont surexcité un tempérament naturellement rude. Nous n'avons jamais abjuré les traditions de fière indépendance de la vieille république de Mulhouse qui résista à Charles le Téméraire. En outre, depuis le xvie siècle, par le fait de la coexistence de trois religions, le catholicisme, le protestantisme et le judaïsme, les luttes religieuses ont été vives chez nous. Sous l'Empire, les esprits étaient de plus en plus divisés. Les idées démocratiques, à la différence des autres régions de la France, venaient d'en haut, professées par les bourgeois, les grands industriels, presque tous protestants, tandis que le peuple, surtout dans les campagnes, en très grande majorité catholique, restait clérical et bonapartiste sous la tutelle étroite des prêtres.

Le clergé et le gouvernement impérial ne tardèrent pas à voir que ce peuple fanatique, sans instruction, pouvait devenir entre leurs mains un puissant auxiliaire pour combattre l'opposition des classes dirigeantes Le clergé, aidé de la police, faisant appel aux plus détestables passions, sema à pleines mains les germes d'une nouvelle jacquerie. Un curé de Thann disait en chaire, en 1869 : « Comptez-vous, catholiques, et comptez les protestants ! Débarrassez-vous *(sic)* de cette infime minorité ! » Au moment des élections législatives de 1869, le pacte se resserra entre l'Empire et le clergé. La grande majorité des prêtres, menée au combat par les jésuites d'Isenheim qui tendaient leur toile d'araignée des Vosges à la Forêt Noire, se montra de plus en plus agressive. Bien peu d'ecclésiastiques osèrent résister au courant. Je citerai parmi ces rares exceptions, parce qu'il est mort aujourd'hui, Reinhard de Lichty, docteur en droit canon, curé d'un petit village situé au fond de la vallée de Saint-Amarin, qui fit voter *non* au plébiscite.

En 1879, d'accord avec Testelin, je le proposai vainement pour un évêché. Les « chers frères » d'Alsace surprirent la bonne foi de Lepère en accusant ce digne et irréprochable vieillard d'avoir des aventures galantes. Après dix ans, les jésuites ne lui pardonnaient pas son indépendance.

Le fameux général Ducrot, commandant à Strasbourg, encourageait le clergé dans sa guerre aux protestants et aux libéraux, par ordre de l'impératrice. Un jour, en 1869, Bazaine se trouvant à Strasbourg en tournée d'inspection, et recevant les fonctionnaires à la Préfecture, eut l'audace, soufflé par Ducrot, de donner une leçon de patriotisme aux délégués du Consistoire protestant, en reprochant aux pasteurs de prononcer parfois des sermons en allemand, ainsi du reste que faisaient chaque dimanche les prêtres catholiques du Haut-Rhin. Le pasteur Horning répondit au misérable qui après avoir déshonoré la France au Mexique allait la trahir à Metz : « Il est possible, monsieur le Maréchal, que nous prononcions des sermons en allemand, mais nos cœurs sont français. »

A la même époque, le baron Pron, préfet du Haut-Rhin, accusait également les protestants alsaciens, qui ont fait si noblement leur devoir depuis en sacrifiant tout pour rester Français, de donner la main aux Prussiens. Si je voulais parler de complicité avec l'ennemi, je pourrais raconter tout au long l'histoire du comte de X....., député officiel de l'Empire, catholique fervent, le grand dénonciateur des protestants, rallié dès la première heure d'ailleurs à l'Allemagne, et parler de ses papiers saisis au début de la guerre

par le major de Witzleben et conservés encore à
Berlin. J'ai eu le dossier de l'affaire entre les
mains, notamment le compte rendu, par un témoin auriculaire, de la conversation criminelle du
comte de X..., dont le maréchal de Mac-Mahon
m'a plusieurs fois parlé, avec le prince impérial
d'Allemagne, *notre Fritz*, à Soultz-sous-Forêt,
dans la soirée du 7 août 1870. Mais je ne veux pas
remuer cette boue.

Depuis le coup d'État, mes amis d'Alsace et
moi nous avions préconisé et pratiqué l'abstention, ne voulant pas être dupes de l'Empire en
prenant part à ses élections frelatées. Nous repro-
chions aux « Cinq » leur politique d'opposition
parlementaire et leur serment. Mais au moment
du plébiscite, sollicités par nos amis de Paris,
nous nous rendîmes et commençâmes à pratiquer
le système de l'agitation légale. Le préfet de Colmar ne tarda pas à connaître notre résolution et il
envoya à Thann pour nous surveiller une collection de mouchards.

Nous affichâmes une proclamation aux électeurs pour les engager à voter *non*, proclamation
rédigée par mon beau-frère Victor Chauffour.
Alfred Kœchlin et Albert Tachard, député, en
avaient fait autant à Mulhouse, Engelhardt et
Jacques North à Strasbourg. Sans nous être donné

le mot, nous protestions de concert contre toute idée de guerre de conquête, sachant bien que cette guerre ne pourrait être que malheureuse, et que nous surtout, Alsaciens, nous en payerions les frais. Depuis Sadowa, je l'ai déjà dit, nos inquiétudes patriotiques étaient vives. L'événement ne les a que trop justifiées.

Je convoquai une réunion privée dans un chalet situé au milieu du parc de l'usine Kestner. C'étaient mes débuts dans la politique « régulière ». Depuis deux ans, je jouissais de nouveau de mes droits politiques, perdus par suite de ma condamnation de 1862. Nous prîmes à l'unanimité la résolution d'organiser des réunions publiques. Charles Kestner, surmontant ses souffrances, se fit apporter à la Halle aux blés pour présider la première, le 27 avril.

La police était là, en nombre, dirigée par le commissaire de Thann, bonapartiste et clérical fieffé, qui se fit maintenir à son poste par les Allemands, mais que ceux-ci éloignèrent bientôt, ayant une confiance limitée en ce triste personnage, et craignant la vérification du proverbe : « Qui a bu... ou plutôt qui a trahi, trahira. » Cet individu s'était entendu avec les « marchands d'hommes », fournisseurs attitrés de remplaçants militaires. Ils lui avaient procuré, pour troubler

nos réunions, une bande avinée de soi-disant
« conscrits » qui buvaient leur prime depuis trois
semaines et ne dessoûlaient pas. En réalité, ce
n'est pas contre l'Empire que nous avons engagé
à Thann cette dernière lutte, mais contre les
marchands de chair humaine et leur marchan-
dise.

Les premières réunions se passèrent cependant
sans trop d'incidents. La troisième, le 29 avril,
fut troublée par des ouvriers criant : « Vive l'Empereur ! L'Empereur notre père nous a promis la
grève *(sic)* si nous votons bien ! » Un vigneron
prononça un virulent réquisitoire contre les républicains et les patrons d'usine. Il fut bientôt ré-
compensé de son zèle par la place de suisse à l'é-
glise. Le 1er mai et les jours suivants, les réunions
devinrent tout à fait tumultueuses. La salle fut
envahie par les marchands d'hommes et leur clientèle déjà ivre. Aucun orateur antiplébiscitaire ne
put désormais prononcer une seule phrase. Aussi
le résultat du scrutin ne fut-il pas brillant, en
dépit de nos efforts. A Thann, un tiers de *non* environ. A Strasbourg et à Mulhouse, suffrages par-
tagés à peu près par moitié.

On s'attendait à mieux dans le Haut-Rhin et
surtout à Mulhouse, mais plus que la corruption
électorale et que la pression administrative, le

journal *le Volksbote* (Messager du Peuple), fondé depuis peu à Rixheim, et inspiré par le plus criminel fanatisme, avait exercé sur les électeurs une influence décisive. « Cette feuille coupable, écrivait un membre de la municipalité de Mulhouse, poussait à la haine des pauvres contre les riches, elle criait sus à ceux qui possèdent quelque chose, elle désignait comme premières victimes à livrer à la vengeance populaire les juifs, les francs-maçons et les protestants. Les autorités laissaient faire, le parquet restait indifférent, si bien que le public pouvait croire qu'il y avait connivence entre les excitateurs et le gouvernement. » Ces suppositions se justifièrent du reste au mois de juillet, lorsque la grève éclata au cri de : « Vive l'Empereur ! » Quand le respectable et honoré Jean Dollfus fut malmené par les grévistes, il ne trouva aucune protection.

De leur côté, les curés avaient fulminé en chaire contre les protestants et les « incrédules ». Ils s'étaient fait les collaborateurs et les agents du *Volksbote*, excitant la haine des ouvriers contre les patrons et soufflant partout sur le feu. Jamais pourtant, en aucun pays du monde, la condition des ouvriers n'avait été meilleure. Les grands industriels alsaciens faisaient déjà à cette époque du socialisme pratique, s'efforçant de toute manière de venir en aide à leurs subordonnés. Ils avaient tellement devancé leur temps par leurs institutions de participation aux bénéfices, de prévoyance, de secours, d'assurance, par la sympathie affectueuse dont ils entouraient leurs infirmes et leurs malades, que l'Alsace aurait dû être le dernier pays du monde à voir s'élever des conflits entre le capital et le travail, si l'Empire et le clergé ne s'étaient ligués pour les faire éclater.

Pour donner une idée de la manière dont nous comprenions à Thann, par exemple, les droits de nos ouvriers, je dirai seulement que nous avions une caisse de secours alimentée par moitié par la fabrique, sans que la fabrique eût jamais demandé à être représentée dans le comité administrant cette caisse. Je n'insiste pas sur les retraites assurées aux infirmes et aux vieillards sans retenue sur les salaires, sur les prêts d'argent consentis toutes les fois qu'un ouvrier se trouvait dans la détresse ou qu'il voulait acquérir une maison ou un champ, sur la participation aux bénéfices datant de 1852, sur la suppression effective du chômage. Et nous n'étions pas seuls en Alsace à agir de la sorte.

On sait en effet ce que l'industrie de Mulhouse a fait pour rendre les ouvriers propriétaires de logements hygiéniques et commodes au moyen de ses fameuses cités ouvrières ; elle a assuré ses collaborateurs contre la vieillesse, la maladie, les accidents, sauvegardé la situation des femmes en couches, et répandu l'instruction primaire en établissant sa gratuité bien avant les nouvelles lois, si bien qu'en 1870 on ne rencontrait plus d'illettrés à Mulhouse. C'est dans un pays pareil que des grèves horribles se sont produites à l'improviste et se sont propagées comme une traînée de poudre aux derniers jours de l'Empire et grâce à la coupable complicité de l'Eglise et des pouvoirs publics.

Cette formidable grève du Haut-Rhin, la seule qui ait eu lieu dans l'Alsace française, éclata au commencement de juillet 1870, et atteignit à la fois toutes les industries du pays. La preuve qu'elle fut surtout propagée contre les grands industriels protestants, républicains ou libéraux opposés à l'Empire, c'est qu'une seule vallée fut épargnée, celle de Munster, et cela pour deux raisons : la première, c'est que les ouvriers, en grande partie protestants, y échappaient à l'influence du clergé ; la seconde, c'est que le chef de la puissante industrie de Munster, M. Fritz Hartmann, homme d'une rare intelligence sur le compte duquel j'aurai à revenir, était, quoique protestant, dévoué à la politique impériale.

Les polémiques odieuses du *Volksbote* sur lesquelles je m'expliquerai tout à l'heure, l'attitude des fonctionnaires obligés de « marcher » même à leur corps défendant, l'arrivée de propagandistes envoyés par la police de Paris, la présence parmi les grévistes de tous les agents officiels qu'on avait vus en campagne pendant le plébiscite, entraînèrent nos pauvres ouvriers. Trente ans de travail, de progrès, de solidarité, d'apaisement furent compromis en quelques jours.

A Mulhouse, un émissaire du gouvernement nommé Hugelmann, homme des plus déconsidérés, faisait tous les soirs, dans les premiers jours de juillet, des conférences pour pousser les ouvriers à la révolte, affirmant aux naïfs que l'Empereur appuyait la résistance, qu'il saurait bien faire plier les patrons, et qu'il exploiterait les usines si les patrons ne se soumettaient pas. Quant à l'Internationale son rôle fut à peu près nul.

Les ouvriers avaient adopté une chanson inoffensive : « La Terre tourne, et nous avec elle... » Ce qui prouve une longue préméditation de la part des meneurs, ce refrain banal retentit partout à la fois, à Mulhouse comme à Thann, à Massevaux comme à Guebwiller et à Wesserling. Partout les grévistes portaient comme signe de ralliement un rameau vert à la main.

Les patrons, voyant que le Gouvernement n'intervenait pas pour protéger la liberté du travail, se réunirent et prirent la résolution d'offrir une réduction d'une heure (onze au lieu de douze), et 15 % d'augmentation de salaire. Les ouvriers réclamaient 25 %, ce qui eût entraîné la fermeture de toutes les usines, puisque cette augmentation représentait plus que le bénéfice net des industriels. Les meneurs ne permirent pas à leurs victimes d'accepter, et ils adressèrent aux patrons des lettres anonymes dans lesquelles on les menaçait d'incendier leurs fabriques s'ils ne capitulaient pas avant quinze jours.

Les organisateurs de la grève avaient eu une idée très habile et très pratique pour imposer la cessation du travail. Comme généralement les ouvriers entretenaient d'excellents rapports avec leurs patrons, de qui ils étaient connus de longue date, le travailleur alsacien étant essentiellement sédentaire et attaché au sol, les meneurs imaginèrent d'envoyer les ouvriers d'une localité chasser de leurs ateliers leurs collègues d'une localité voisine. Ainsi ceux de Mulhouse allèrent envahir les fabriques de Cernay, ceux de Cernay les fabriques de Thann, ceux de Thann se portèrent dans la vallée de Saint-Amarin. Ce procédé avait en outre l'avantage de soustraire le personnel de

chaque usine à toute responsabilité, en faisant
agir partout des étrangers et des inconnus. Aussitôt la bande gréviste arrivée dans une fabrique,
un mécanicien se précipitait vers les machines
à vapeur et en arrêtait le fonctionnement, sans
rien briser. Les ouvriers de l'intérieur, décontenancés par cet arrêt subit, descendaient dans la
cour et se laissaient débaucher.

Les grévistes comptaient autant de femmes que
d'hommes dans leurs rangs. Les femmes étaient
les plus violentes et les plus excitées. A Bitschwiller notamment, devant l'usine Lehr, des femmes
et des filles venues de Thann provoquaient les
ouvriers à la grève avec des attitudes et des propositions sur la nature desquelles je ne puis insister. La « Mouquette » de Zola n'est pas une
invention.

Les troubles s'aggravaient chaque jour. Nous
étions à la merci de bandes fanatiques de plusieurs milliers de grévistes, et vraiment il faut
les louer de s'être contentés pendant quinze jours
de porter atteinte à la liberté du travail sans commettre des crimes de droit commun, assassinats
ou vols, que rien au monde n'eût pu empêcher.

Nous n'avions pour nous que la force morale.
Lorsque les grévistes de Cernay vinrent envahir
l'usine Kestner, j'étais seul derrière la grille. Me

sachant universellement estimé des ouvriers, je parlementai avec le chef de la bande, lui disant que mes hommes désiraient continuer le travail.

— Nous ne voulons pas vous faire du mal, monsieur Scheurer, me répondit-il, vous êtes un bon patron, mais vos ouvriers sont des ouvriers comme les autres. Il faut qu'ils viennent avec nous. Ne nous forcez pas à vous violenter, nous sommes décidés à entrer, de bon gré ou de force.

— Et la loi, qu'en faites-vous?

— La loi est pour nous.

Il me tendit un papier timbré sur lequel les grévistes avaient résumé leurs revendications, papier que le sous-préfet de Belfort avait eu la faiblesse de contresigner, nous verrons tout à l'heure dans quelles circonstances.

— Le sous-préfet, repris-je, n'a pas le droit de mettre sa signature sur un document de cette espèce.

— Vous savez bien que si, monsieur Scheurer, Le sous-préfet ne nous a pas trompés, il est l'organe de l'Empereur. Du reste, notre chef a un papier plus important, signé de l'Empereur lui-même, qui, si vous nous refusez l'entrée, exploitera vos fabriques.

Pendant ce dialogue la foule s'impatientait. Elle enfonça la grille, me refoulant avec violence, mais sans essayer de me frapper. Les ateliers furent vidés en quelques minutes.

Le lendemain matin, tous nos ouvriers rentrèrent à l'appel de la cloche, mais dans la matinée l'usine fut encore envahie et les ouvriers débauchés. On voulut éteindre les feux pour empêcher les cheminées de fumer, et établir ainsi aux yeux de tous que le travail avait cessé. Je m'amusai à jeter du goudron dans le foyer d'une chaudière afin d'entretenir une épaisse fumée, à la grande fureur des grévistes. Mais mon obstination égayait mes ouvriers, obligés de rester les bras croisés. Certains d'entre eux m'aidèrent dans ma tâche, m'apportant des brouettes de houille ; je pus ainsi maintenir une chaudière sous pression, et éviter de graves accidents dans certains de nos appareils.

Nous en avions assez, nos ouvriers aussi. Je leur fis savoir que j'étais disposé à discuter avec eux. Ils vinrent me lire « leurs revendications », c'est-à-dire le programme de Mulhouse. « Vous voyez bien, leur dis-je, que ce papier ne vient pas de vous, car tout ce que vous demandez, à un article près, nous vous l'accordons depuis longtemps. Ainsi, depuis 1862, vous ne travaillez que dix heures, vous avez des caisses de secours alimentées pour moitié par la fabrique, des pensions de retraite à nos frais. Ceux qui demain ne viendront pas travailler seront congédiés. » Le lendemain, personne ne manqua à l'appel.

En arrivant à Thann, les ouvriers de Cernay étaient allés à la mairie exposer leurs griefs et demander un permis de circuler. Le maire, qui a depuis obtenu une notoriété fâcheuse pour des faits étrangers à la politique, s'empressa de donner sa signature. Le sous-préfet de Belfort, M. Poisat, était présent. Il signa également. C'est le papier qu'on allait me montrer. Comment les grévistes ne se seraient-ils pas cru tout permis ? Mon beau-frère, Auguste Lauth, avait été le condisciple du sous-préfet ; il reprocha amèrement à ce fonctionnaire sa complaisance. M. Poisat, très embarrassé, finit par répondre : « Que voulez-vous ? c'est déplorable, mais j'ai des ordres ».

Je noterai un autre incident significatif. On m'avait signalé la présence à Thann d'un jeune homme inconnu qui accompagnait publiquement les grévistes. Je sus qu'il était membre de l'Internationale et je lui exprimais ma surprise de le voir intervenir dans une affaire si louche montée par l'Empire et les cléricaux : « Je fais ce que je puis, me répondit-il, pour empêcher les ouvriers d'aller chez vous, car je connais l'organisation démocratique de votre usine. Mais ils ne veulent pas me comprendre ». Quelques heures après l'agent de l'Internationale partit, on ne le revit plus en Alsace.

Cependant, au bout de quinze jours, les choses prirent une tournure tellement grave que l'indignation de la population non ouvrière, celle de la partie restée saine du clergé et même de quelques fonctionnaires commença à inquiéter les hommes du *Volksbote*. Un des rédacteurs de ce journal, l'abbé Winterer, monta en chaire à Mulhouse pour conseiller le calme aux ouvriers. Mais il est plus difficile d'éteindre un incendie que de l'allumer. Le journal des curés, après avoir pendant deux ans jeté de l'huile sur le feu, outragé grossièrement les patrons et prêché aux ouvriers une véritable jacquerie, jugea prudent de se dérober, et comptant sur la naïveté d'un public sans mémoire, il se lava les mains comme Ponce Pilate, déclinant la responsabilité de la grève qu'il avait fomentée. Dans un article impudent il osa l'imputer aux patrons eux-mêmes qui avaient voulu, suivant lui, détourner les ouvriers de la religion catholique. Cette pasquinade ne releva guère l'autorité morale fort entamée des cléricaux.

Non moins inquiet, le Gouvernement qui allait

follement déclarer la guerre à la Prusse, donna l'ordre à ses fonctionnaires de changer d'attitude. Aussi le mouvement fut-il brusquement enrayé, et bientôt le péril commun ramena l'union. Pendant quelques jours pourtant, les grévistes de Vieux-Thann vinrent encore chaque soir hurler sous mes fenêtres : « Vive l'Empereur ! » Ils ajoutaient, croyant m'être désagréables : « A bas la Prusse ! » Pauvres gens !

Les terribles événements de 1870-1871 auraient fait tomber dans l'oubli ces scènes déplorables, si à l'Assemblée nationale, invité par mes amis à déposer devant la Commission chargée d'étudier l'abrogation de la loi sur les coalitions, je n'avais été amené à parler, le 2 février 1872, de la grève alsacienne de juillet 1870. Je fus obligé de rappeler les excitations abominables des fonctionnaires impériaux et du clergé. Ma déposition, faite dans un bureau, passa presque inaperçue, mais le 4 mars suivant, Tolain, parlant à la tribune sur le projet de loi contre l'Internationale, y fit allusion et invoqua mon témoignage. M. Keller protesta avec violence, disant, aux applaudissements répétés de la droite, qu'il ne pouvait laisser attaquer le clergé alsacien, qui était, suivant lui, l'âme de la protestation. Le tumulte fut effroyable. Je montai à la tribune pour reproduire mes déclarattons, et citai le *Volksbote*, le journal des curés de Rixheim. M. Keller, intervenant dans la question avec sa virulence habituelle, ne craignit pas de déclarer que le *Volksbote* n'était pas dirigé par un prêtre, que ni le propriétaire, ni le rédacteur, ni les bailleurs de fonds n'étaient des prêtres. Il ajouta : « Il y a eu dans ce journal, c'est possible, des attaques exprimant *un peu vivement* les doléances de la classe ouvrière, et je m'étonne que M. Tolain s'en plaigne. Mais ces articles n'étaient pas faits par des prêtres, et je mets au défi M. Scheurer-Kestner d'alléguer un seul acte, un seul fait émanant du clergé prouvant sa participation dans les grèves de Mulhouse ».

Je maintins mon affirmation ; elle était aussi catégorique et aussi formelle que la négation de M. Keller. Nous allons voir lequel de nous deux disait la vérité.

L'incident du 4 mars eut un retentissement énorme. Le parti clérical nous accusa, Tolain et moi, de calomnier les prêtres alsaciens. Le clergé de Mulhouse adressa au Président Grévy une lettre, publiée par la *Gazette de France* du 13 mars, dans laquelle il osait affirmer que les curés avaient déconseillé la grève. C'était vrai pour quelques-uns ; mais ils avaient attendu jusqu'au dernier jour pour arrêter les ouvriers après les avoir excités jusque-là. Par contre, je déposai sur le bureau de l'Assemblée quatre pétitions signées d'habitants notables de Mulhouse, de Thann, de Cernay et de Sainte-Marie-aux-Mines, c'est-à-dire de nos centres manufacturiers les plus importants, pétitions qui me donnaient raison et réduisaient à néant les allégations de M. Keller. Celle de Mulhouse, signée par tous les noms illustres et respectés de la grande industrie alsacienne, était ainsi conçue : « Les soussignés, manufacturiers, constructeurs, entrepreneurs et patrons du noyau industriel de Mulhouse, prennent la respectueuse liberté de venir appuyer auprès de vous la déclaration faite à la séance du 4 mars par M. Scheurer-Kestner, député de Paris, déclaration relative à la grève de 1870 et aux excitations produites à cette occasion dans un journal imprimé à Rixheim, rédigé en patois du pays par des abbés, signées de leurs noms, et portant le titre de *Volksbote*. Ces excitations, les soussignés les déclarent constantes, traitaient les patrons protestants de voleurs et de sangsues de l'ouvrier, ainsi qu'il appert de la collection dudit journal que nous mettons sous les yeux de l'Assemblée. Les soussignés ont vu avec surprise que les affirmations de M. Scheurer-Kestner, si notoires dans cette contrée, ont été contestées. Ils viennent en conséquence réclamer de votre haute autorité une enquête parlementaire sur les faits en question, affirmés d'une part à juste titre, et contestés de l'autre.

« Il faut que la vérité soit connue, que la loyauté de M. Scheurer-Kestner soit proclamée. Nous qui l'avons envoyé à l'Assemblée nationale, le 8 février 1871, nous tenons essentiellement à ce qu'elle soit consacrée comme telle.

« En vous priant de faire droit à leur demande, les soussignés, tout en regrettant un incident que leur compatriote n'a pas provoqué, mais qui pourrait faire renaître un déplorable antagonisme, né de la politique impériale, et oublié dans un malheur commun, ont l'honneur de vous adresser leurs sentiments respectueux. »

La pétition de Thann disant en substance que « les affirmations de M. Scheurer-Kestner sont conformes à la vérité » portait 73 signatures, dont 65 de catholiques.

Par un sentiment de réserve peut-être exagérée, je ne voulus pas, au lendemain de la guerre, me servir de mes dossiers, et en présence des Prussiens vainqueurs étaler les vilenies de quelques Alsaciens. Mais de longues années se sont écoulées depuis que ce débat s'entr'ouvrait entre

M. Keller et moi. Aujourd'hui c'est de l'histoire ancienne, et rien ne s'oppose à ce que je donne quelques explications sommaires et discrètes à l'appui de mon discours du 4 mars 1872.

Le *Volksbote* fut fondée en 1868 à Rixheim, près de Mulhouse, « dans un but électoral », dit M. Keller, en réalité pour déchaîner une guerre de classes, et qui pis est une guerre religieuse. La violence de ses articles, rendue encore plus sensible par l'emploi du dialecte grossier du Sundgau, rappelle à la fois le *Père Duchesne* et les sermons des curés de la Ligue. Il se fabriquait dans la petite imprimerie Sutter, dont les membres du clergé formaient presque toute la clientèle. Le directeur de cette feuille n'était pas un prêtre, selon M. Keller. Non, mais c'était un nommé Burtz, neveu de l'archevêque de Strasbourg Roess, ancien élève du séminaire de Colmar et toujours vêtu d'une soutane. On pouvait s'y tromper. Il fut d'ailleurs remplacé en août 1870 par un prêtre authentique, l'abbé Postina. Mgr Roess et le comte de X..., un des chefs du parti antiprotestant de Strasbourg, fournissaient les fonds du *Volksbote*. Tous deux se sont ralliés avec éclat à l'Allemagne immédiatement après la guerre.

M. Keller affirmait à la tribune que les articles

de la petite feuille de Rixheim n'étaient pas ré-
digés par des prêtres ! Pourtant ces prêtres journalistes étaient ses amis politiques et personnels,
et le *Volksbote* avait des correspondants bénévo-
les et des courtiers dans chaque cure de village.
Les noms de ces scribes de sacristie sont connus
pour la plupart aujourd'hui. Après la discussion
du 4 mars 1872, je reçus de tous les points d'Alsace des lettres me désignant leur qualité et leurs
pseudonymes. L'un des principaux avait simplement retourné les lettres de son nom. Le 24 mars,
le directeur des *Affiches et Nouvelles de Thann*,
un vieux journaliste très au courant des dessous
de la presse alsacienne, désignait spécialement
l'abbé Winterer, ami intime de M. Keller, devenu célèbre depuis comme député protestataire.
M. Simonis, curé de Rixheim, se rendait presque journellement au bureau de rédaction.
M. Braun, curé de Guebwiller, écrivait des articles virulents sous le voile de l'anonyme. Mais
il a avoué sa collaboration et celle de quelques
autres dans des lettres produites au cours d'un
procès qu'il eut devant le tribunal de commerce
de Colmar avec M. Iung, imprimeur à Guebwiller. Je possède la liste à peu près complète
des curés collaborateurs, mais je ne ferai pas
à ces ecclésiastiques, dont la plupart doivent

être morts à cette heure, l'honneur de les nommer.

Je laissai s'éteindre le débat par patriotisme,
et sans souci des démentis de M. Keller que tout
le monde en Alsace avait jugés. Il ne fut plus
question de l'enquête parlementaire réclamée
par les pétitionnaires alsaciens. Pour clore ce chapitre de mes Souvenirs, je me contenterai de
reproduire une lettre qui me fut écrite, le
15 mars 1872, par un de mes vieux amis qui
occupe encore aujourd'hui une place au premier
rang des hommes politiques alsaciens. La voici :

« Vous avez affirmé des faits notoires, positifs,
parfaitement exacts. Vous n'avez dit que la vérité,
vous l'avez fait avec une mesure et une modéra-
tion extrêmes. Je trouve même que vous n'avez
pas dit toute la vérité. Je suis d'accord avec tous
ceux qui vous apporteront leur témoignage, mais
où je ne suis plus d'accord avec eux, c'est quand
ils demandent une enquête parlementaire. S'il y
a à l'Assemblée une majorité dans un sens précis, c'est dans le sens clérical. Une enquête est
bonne en théorie, mais en fait elle aboutit au but
que lui assignent ceux qui la font, et elle serait
faite par des délégués de cette majorité qui a
approuvé M. Keller. Il n'y aurait rien d'étonnant
à ce qu'il ressortît de cette enquête que c'est vous

qui êtes le coupable, l'auteur des grèves, le rédacteur du *Volksbote*, et que M. Keller, qui se ferait faire ensuite une robe de lévite toute neuve, est venu avec son clergé au secours de la civilisation menacée, qu'il nous a sauvés, et que nous ne sommes que des ingrats. Vis-à-vis d'hommes et de manœuvres de ce genre on n'a qu'une armure, sa conscience, et l'estime de soi-même et des autres. Vous savez avec quelle unanimité cette dernière vous est acquise. »

X

LA GUERRE. — LE 4 SEPTEMBRE. — VALENTIN A STRAS-
BOURG. — GAUKLER ET LA NITROGLYCÉRINE.

Le plébiscite n'avait pas donné la sécurité à
l'Empire, ni rétabli son prestige si ébranlé au
dehors par les événements de 1866. Les fortes têtes
de l'entourage de Napoléon III n'avaient plus
qu'une carte à jouer pour sauver la dynastie : la
guerre. Mais cette guerre, l'Empereur vieilli et
malade n'en voulait pas. Beaucoup de généraux,
connaissant le vide de nos arsenaux, l'insuffisance
de nos effectifs et l'infériorité de notre artillerie,
la redoutaient. L'Impératrice seule y voyait un
moyen d'assurer le trône à son fils. Elle réussit à
faire triompher sa volonté, la seule qu'il y eût aux
Tuileries, grâce surtout à Emile Ollivier qui se
jeta tête baissée dans le piège tendu par la
Prusse.

Ollivier, décidé de longue date à « arriver » à

tout prix, par n'importe quel moyen, s'était depuis longtemps séparé du parti républicain, abjurant les idées de sa jeunesse, les traditions de son père et de son frère. Je me souviens qu'en 1858, il vint trouver Michel Goudchaux, l'ex-ministre des Finances de la seconde République, son ancien protecteur, et représenta au vieux républicain que si les hommes comme lui, les vieux de 1848, ne pouvaient pas se présenter aux élections avec la perspective de prêter serment à Napoléon III, il n'en était pas de même pour les jeunes. Goudchaux a raconté la scène quelques jours après à son vieil ami Charles Kestner et à moi. « Jeune homme, répondit-il avec indignation à Ollivier, vous avez été entouré des soins de votre père, des leçons de ceux que vous avez toujours appelés vos maîtres. Ils vous ont appris où est l'honneur, où est l'intrigue. Sortez de chez moi ! Vous n'êtes aujourd'hui qu'un intrigant, vous serez plus tard un traître ! »

La prophétie de Michel Goudchaux s'est accomplie de point en point. Ollivier, avec la suffisance ridicule et l'infatuation naïve qui le caractérisent, une fois arrivé au pouvoir, crut, comme il se plaisait à le dire, « tenir » l'Empereur, tout comme, avant le 16 mai 1877, Jules Simon croyait « tenir » le Maréchal. Cette illusion est une des plus grandes preuves qu'il ait données, et Dieu sait si elles sont nombreuses, de son incapacité politique. Il avait compté sans la ténacité de l'Impératrice. Pour conserver le pouvoir il conduisit d'un cœur léger la France aux abîmes. Les malheurs de la Patrie n'ont pas, après vingt-cinq ans, abattu sa fierté. Il ose encore, paraît-il, défendre dans les Revues son œuvre néfaste, et donner avec son insouciance maladive des leçons aux républicains qu'il a trahis, des conseils à la France qu'il a livrée.

Aussitôt les grèves terminées, le Gouvernement nous envoya des troupes. Un escadron de cuirassiers vint à Thann. Il se rangea à son arrivée sur la place de l'église. Je vois encore ces grandes ombres grises, semblables à des fantômes s'estompant dans le brouillard à la nuit tombante. Leur commandant, M. de Beaune, était déjà venu à Thann avec son escadron, bien jeune encore, lors des troubles de 1848, et nous l'avions reçu à la maison. Il gardait de nous un affectueux souvenir. Mais les plus noirs pressentiments l'agitaient. « Je serai mort dans trois jours », me dit-il en me serrant la main au départ. En effet, il tomba héroïquement, peu après, en chargeant dans les houblonnières de Reichshoffen.

Dès la déclaration de guerre l'Alsace fut le

théâtre d'événements décourageants. On y assistait à une retraite désordonnée de soldats au moral abattu par la défaite. Les chefs eux-mêmes avaient perdu tout sang-froid. Un officier d'état-major du général Félix Douai demandait à Mulhouse si la Harth était large et s'il y avait un pont, prenant cette forêt pour une rivière. A la même époque le général Michel adressait de Belfort au ministère de la Guerre la dépêche fameuse dans laquelle il demandait où était sa division.

Les autorités de l'Empire avaient disparu devant la débâcle. L'armée ramenée derrière la ligne des Vosges semblait déjà marquer la future frontière. Malgré ces sujets de découragement, les Alsaciens, voyant qu'ils ne pouvaient plus compter dorénavant que sur eux-mêmes firent résolument leur devoir. Tous les hommes valides s'enrôlèrent, appelés ou non. Bien peu se cachèrent à l'abri des baïonnettes étrangères. Ceux-là eurent pendant vingt ans à se courber sous le mépris public. Les femmes surtout se montrèrent à leur égard implacables.

Les premières nouvelles du théâtre de la guerre étaient si écrasantes que les hommes simples crièrent à la trahison. Les fables les plus ridicules couraient à ce sujet dans le pays. Ainsi mon beau-père Charles Kestner succomba, le 12 août, la douleur causée par nos désastres ayant donné le coup de grâce à sa constitution minée par une maladie incurable. Quand on transporta au cimetière son lourd cercueil doublé de plomb, les ouvriers bonapartistes, meneurs de la dernière grève, disaient : « On a mis des pavés dans la bière. M. Kestner n'est pas mort, il a envoyé sa fortune en Allemagne. C'est lui qui sert dans l'armée prussienne *sous le nom de général von der Thann.* » Je me reprocherais de ne pas citer ce trait de l'imbécillité humaine.

Charles Kestner était le type de l'honnête homme et du bon citoyen. Fils d'un Hanovrien naturalisé français sous le premier Empire, petit-fils de la célèbre Charlotte Buff, la Charlotte de *Werther*, l'amie de Gœthe, il dirigeait à Thann importante fabrique de produits chimiques fondée par son père. Il avait épousé une femme dont tous les hommes politiques de la troisième République ont pu apprécier la haute intelligence, la fille du général Rigau, un des meilleurs soldats de Napoléon, inscrit à l'Arc-de-Triomphe de l'Etoile, mort proscrit au Texas. Profondément démocrate et philanthrope d'instinct, Kestner fut élu comme représentant républicain du Haut-Rhin à la Constituante de 1848, et refusa d'abord de se laisser porter à la Législative. Il accepta seulement, par discipline, de se présenter en mars 1850 à une élection partielle où il fut le seul républicain élu. Proscrit naturellement au 2 Décembre, j'ai raconté ailleurs comment il obtint de rentrer en France sans conditions, en menaçant de fermer ses usines. Les institutions de prévoyance et de secours qu'il a fondées fonctionnent encore après plus de quarante ans d'épreuve; on n'a pas fait mieux depuis. La mort bienveillante épargna au vieux républicain la douleur d'assister au démembrement de la Patrie.

A ce moment (12 août) les Allemands étaient signalés devant Strasbourg, dont ils allaient bientôt commencer le bombardement. La panique fut immense dans notre pays ouvert et désarmé. Nous n'avions que les fusils des pompiers et pas une seule cartouche. Des ouvriers s'enfuyaient au hasard dans les bois avec leurs familles et leur bétail. Pourtant les Prussiens ne se présentant pas, le calme revint peu à peu. Nos usines travaillaient toujours. Seules de petites fabriques en s'arrêtant avaient jeté leurs ouvriers sur le pavé; ils devinrent bientôt un élément d'agitation. A Mulhouse, la municipalité demanda l'armement des citoyens pour suppléer à l'absence des troupes régulières, et n'obtenant de réponse ni de l'autorité militaire ni de la préfecture de Colmar qui se méfiaient également des sentiments républicains de la population, elle organisa la garde nationale de son propre mouvement dans les premiers jours de septembre. Mais le Gouvernement ne sut pas profiter du concours que lui offrait la population civile. La conduite de la municipalité de Mulhouse fut au-dessus de tout éloge, comme on devait s'y attendre du reste en voyant les noms de ceux qui la composaient, et qui ont donné depuis, chacun à sa manière, des preuves éclatantes de leur dévouement à la France. Il se trouva pourtant un aventurier nommé Baillehache qui ne craignit pas, dans une lettre anonyme adressée à l'*Opinion Nationale*, de l'accuser de lâcheté, de lui reprocher d'avoir invité les habitants à « bien accueillir les Prussiens », et demandé au général Félix Douai de retirer les troupes afin de ne pas exposer la ville à un bombardement. Le dit Baillehache, obéissant à je ne veux savoir quel mobile, reproduisit plus tard ses insinuations mensongères devant la Commission d'enquête de l'Assemblée nationale sur les actes du Gouvernement de la Défense, toujours disposée à écouter les calomnies contre les républicains. Dans l'intervalle cet aventurier était parvenu à se faire nommer intendant à l'armée de Garibaldi, poste d'où il fut du reste bientôt évincé. La municipalité, indignement calomniée, n'eut pas de peine à rétablir la vérité.

La nouvelle de la révolution du 4 septembre parvint à Thann dès le lendemain. Nous n'avions plus de communications régulières avec le reste du monde. Les chemins de fer étaient occupés par les troupes, et les industriels thannois avaient dû organiser à leur frais un service de courrier qui allait à Mulhouse chercher tous les jours les lettres et les journaux arrivant par Bâle. Ce courrier était un nommé Schmitt, garçon courageux que nous chargions chaque hiver du même travail quand la neige interceptait le chemin de fer de Thann. Il arriva, le 5, avec une cocarde à son chapeau, au cri de : « Vive la République! » La chute de l'homme néfaste qui, après avoir violé la Liberté, déchaînait sur la France l'invasion, satisfaisait notre patriotisme. Mais les ouvriers bonapartistes sans travail, fauteurs de la grève récente, voulurent faire à Schmitt un mauvais parti en criant : « Vive l'Empereur! » Nous eûmes beaucoup de peine à le tirer des mains de ces énergumènes. A partir de ce moment, notre responsabilité commença à être mise en jeu. « Les rouges sont les maîtres, disaient les ouvriers, ils ont renversé l'Empereur, ils sont de connivence avec les Prusssiens !... » Cependant, ils nous demandaient ce qu'ils n'avaient pu obtenir de l'Empire, des armes. Nous n'en avions pas. On me chargea d'aller en chercher à Belfort, où mon frère Albert se trouvait en garnison, et j'obtins 1.500 fusils à piston avec des cartouches en nombre suffisant. Je repartis le soir même pour Thann, où je rentrai avec mes chariots d'armes et de munitions, par un orage effroyable, trempé jusqu'aux ˻s, et exténué de fatigue. Désormais, notre garde nationale fut armée. On m'y proposa un grade important, que je refusai, n'aimant pas le galon. Je dus pourtant me résigner à accepter l'épaulette modeste de sous-lieutenant.

Le 5 septembre, on avait distribué à Mulhouse 1.200 fusils. Vers 2 heures de l'après-midi, un paysan d'Habsheim arriva à la mairie au galop de son cheval, annonçant que les Allemands avaient passé le Rhin. Les pompiers et la garde nationale armée depuis quelques instants et commandée par Kœchlin-Schwartz, furent conduits en train spécial par la forêt de la Harth vers Kembs et Rixheim. Cette expédition ne rencontra que quelques maraudeurs badois. A travers le Rhin, des coups de canon furent tirés sur les pompiers. Les Mulhousois, volontiers gouailleurs, même dans les circonstances les plus graves, ont donné le nom de « bataille de Kembs » à cette première sortie de Kœchlin-Schwartz.

J'ai assisté, un peu plus tard, à des équipées du même genre dans notre vallée de Saint-Amarin. Elles prouvaient en tous cas qu'on aurait pu tirer parti du courage et de la bonne volonté des gardes nationaux. La municipalité de Mulhouse proposa au général commandant le 7ᵉ Corps, de lui fournir des compagnies bien équipées, pour coopérer à la défense de Belfort. Un refus net et formel fut sa seule réponse. Plusieurs propositions analogues eurent le même sort. Jamais les autorités militaires ne voulurent accueillir les dévouements désintéressés qui s'offraient à elles. Nous aurions pu fournir au moins un effectif combattant de 15.000 hommes qui demandaient à marcher. Les patriotes alsaciens n'ont jamais pardonné au commandant du 7ᵉ Corps d'avoir dédaigné leur concours, et de n'avoir rien fait pour protéger Mulhouse quand un corps d'armée badois y pénétra, le 16 septembre. La veille, M. Engel Dollfus, voyant qu'il n'y avait plus d'espoir d'être secouru, avait au moins sauvé les fusils en les dirigeant sur Belfort. Les Allemands parurent très surpris de ne pas être reçus à bras ouverts par une population qu'ils savaient hostile à l'Em-

pire. Ils firent des réquisitions, arrêtèrent quelques journalistes, coupèrent les voies ferrées,
et repartirent comme ils étaient venus.

La proclamation de la République fut pour
nous un soulagement. Nous ne conservâmes pourtant pas longtemps l'illusion de croire que la
guerre déclarée par l'Allemagne à Napoléon allait
cesser : elle continua de peuple à peuple avec
une nouvelle violence. Jamais non plus nous ne
comptâmes sérieusement sur une intervention de
l'Europe, que l'Empire avait aliénée à la France.
Mais l'envoi d'une délégation du Gouvernement
de la Défense nationale à Bordeaux, et surtout la
présence de Gambetta nous donnait l'assurance
que la défense allait devenir sérieuse, et qu'on
n'oublierait plus l'existence de l'Alsace comme
on avait paru le faire jusqu'à ce moment. Le
maintien du Gouvernement à Paris fut néanmoins
une faute irréparable, puisqu'il subordonnait en
fait la cessation de la guerre à la capitulation,
forcée à une plus ou moins longue échéance, de
la ville de Paris.

Le Gouvernement prit immédiatement quelques mesures indiquant qu'on s'occupait de nous.
Le 5 septembre, mon ami Jules Grosjean fut
nommé à la préfecture du Haut-Rhin. Il y remplaça le préfet Salles, dont la honteuse inaction,

au cours de la dernière grève, avait été si sévèrement jugée par tous, et qui, avant de partir, put brûler tous ses papiers compromettants, au nombre desquels figurait un projet de liste de proscription sur laquelle j'avais l'honneur de figurer avec une trentaine de mes amis. Valentin était nommé préfet du Bas-Rhin. Nous étions restés jusque-là en communication avec Strasbourg assiégé, grâce à Gaukler, l'ingénieur des travaux du Rhin, et à son fidèle collaborateur le conducteur Bertin. Ils avaient organisé un service régulier. Leurs agents entraient dans la ville aux « Ponts couverts », dans l'eau jusqu'au cou, et passaient les dépêches dans des sacs de caoutchouc. Une indiscrétion appela sur ce point l'attention des assiégeants; ils placèrent des filets dans le canal, et les émissaires de Gauckler ne purent plus passer. Ainsi, la nouvelle de la nomination de Valentin ne fut-elle apportée dans la place que le 11 septembre par la mission suisse, qui vint au milieu du bombardement faire évacuer les femmes, les vieillards et les enfants, avec l'autorisation du général de Werder.

Valentin partit immédiatement de Paris pour rejoindre son poste. Il arriva le 7 à Mulhouse avec Maurice Engelhardt, nommé maire de Strasbourg, et vint me voir à Thann. « Je ne veux pas me faire tuer, me dit-il, cela ne servirait à rien, et m'empêcherait de remplir la mission que le Gouvernement de la République m'a confiée. Ce que je veux, c'est entrer vivant à Strasbourg, et j'y entrerai. Je compte sur votre aide pour cela. » Il me manifesta l'intention d'aborder Strasbourg par l'Ouest, du côté des Vosges. Son frère était employé dans une filature de laine appelée « la Chartreuse », très rapprochée de la ville de ce côté-là, filature appartenant à mon beau-frère Edouard Stehelin. Je crus devoir faire quelques objections à Valentin, et lui signaler les difficultés de son entreprise. « Mon cher ami, me dit-il, faites-moi grâce de vos objurgations. Elles sont inutiles et de nature à m'exaspérer, non à me retenir. Aidez-moi, avec ou sans conviction, peu importe, mais aidez-moi ! » Je remis à Valentin un passeport de mon beau-frère Edouard Stehelin, que nous falsifiâmes, car cette pièce était indispensable pour voyager en Alsace. Je lui donnai aussi une lettre pour le directeur de la Chartreuse au cas où son frère ne s'y trouverait plus, et une autre lettre pour mon cousin le Dr Faudel, de Colmar, et je le fis conduire avec ma voiture dans cette ville où il ne connaissait personne. Faudel fut d'un grand secours à Valentin. Il le mit en rapport sur ma demande avec Gauckler, et lui procura des cartes

de visite au nom de J. Derwent. Valentin qui parlait à la perfection six langues, dont l'anglais,
devait se faire passer pour un Américain cher-
chant à rejoindre dans le Bas-Rhin une famille
amie. Mme Faudel lui cousit dans la manche sa
commission de préfet. Le lendemain, Valentin
partait pour Schelestadt en voiture avec un agent
de Gauckler. La suite de son voyage est une glo-
rieuse odyssée. Une patrouille allemande l'arrêta
aux environs de Benfeld, et le conduisit devant le
commandant des troupes. On le questionna lon-
guement sans succès : il répondait toujours dans
le plus pur anglais de New-York. Pendant les
douze heures qu'il passa au poste, mille ruses
furent mises en œuvre pour le surprendre ; on le
réveilla plusieurs fois en sursaut pour lui demander son nom ; jamais il ne se trahit. En désespoir de cause, on le fit monter dans un train
de la ligne badoise, se dirigeant sur Bâle. Il descendit à la première station et revint à Kehl. Sur
les bords du Rhin il demanda à un pêcheur de le
transporter sur l'autre rive. Ce pêcheur alla prévenir une patrouille qui, heureusement n'était
pas au courant de sa première aventure. On se
contenta après un nouvel interrogatoire de le remettre en chemin de fer. Valentin changea de
wagon et monta dans le train de Landau jusqu'à

Wissembourg. Dans cette ville, il alla chez le maire, homme sûr, où il dîna avec le fils du pasteur de Schiltigheim, porteur d'un sauf-conduit prussien. Valentin s'empara de ce laissez-passer avec lequel il arriva à Schiltigheim, où le hasard le fit loger dans la maison occupée par le général de Werder. Il était enfin aux portes de Strasbourg : restait à y entrer.

Le 19 septembre, ayant remarqué que la tranchée allemande restait inoccupée pendant quelques instants au moment où l'on relevait les postes, il la traversa et se lança dans la plaine qui descend jusqu'à l'Ill. Mais l'ennemi ayant aperçu le mouvement des tiges de maïs au milieu desquelles il avançait en rampant, une fusillade terrible fut dirigée contre lui. Les remparts répondirent ; il se trouva entre deux feux pendant trois quarts d'heure, et arriva pourtant sain et sauf au bord de l'Ill. Là il se jeta à l'eau ; sur la rive opposée, les roseaux l'empêchèrent de prendre pied. Il passa, m'a-t-il dit, plusieurs heures dans cette situation critique, avant de pouvoir aborder le chemin couvert conduisant au fossé de la lunette n° 56. Il se mit de nouveau à la nage, et parvint jusqu'au parapet de la lunette sur lequel il se redressa au cri de : « France ! France ! » Après avoir subi une nouvelle fusillade à bout portant, qui par miracle ne l'atteignit pas, il entra enfin dans la ville, harassé de fatigue, couvert de boue, ruisselant d'eau, et demanda à être conduit chez le gouverneur. Il ne parvint au quartier général que le lendemain, escorté par un officier et quelques hommes qui le prenaient pour un espion. « Annoncez, leur dit-il en arrivant, le préfet de Strasbourg. » On connaît la réponse du général Uhrich, lorsque Valentin, fendant sa manche d'un coup de canif, lui présenta sa commission : « Monsieur le Préfet, je vois que le gouvernement a fait un bon choix ! »

Valentin était d'une modestie égale seulement à son originalité et à son courage. Quand on lui parlait de son héroïque entrée à Strasbourg, il faisait dévier la conversation. Pendant longtemps, j'essayai en vain de le faire parler. Un soir pourtant qu'il dînait seul chez moi, je profitai d'un moment d'abandon pour lui arracher le récit de son expédition depuis le moment où il m'avait quitté à Thann. C'est celui que je viens de reproduire, et que j'ai donné en partie dans le premier volume de l'*Histoire du Gouvernement de la Défense Nationale en Province*, par Steenackers et Legoff. ouvrage auquel j'ai aussi fourni le chapitre IV sur la résistance dans le Haut-Rhin. Souvent, dans la suite, je voulus obtenir de lui des détails complémentaires, sans y parvenir. Sa réponse était toujours : « Je vous ai dit, mon cher ami, ce que je n'ai jamais voulu raconter à personne. Cela doit vous suffire. »

Edmond Valentin était de taille moyenne, trapu et solide avec de larges épaules, les cheveux noirs et bouclés, la moustache et la barbiche d'un officier de l'Empire. Sa figure respirait la bonté et l'énergie. L'hiver, quel que fût l'abaissement de la température, il ne portait qu'une légère pèlerine flottante, sorte de cape à l'espagnole. Des chagrins de famille, une femme qu'il chassa du foyer, et qui le persécuta pendant de longues années, avaient de bonne heure brisé sa vie. Immédiatement après le coup d'Etat, l'Ecole militaire de Woolwich se l'attacha comme professeur. Il y était particulièrement apprécié. L'Ecole lui accorda en 1870 une pension de retraite qu'elle doubla lorsque Valentin fut sacrifié par le gouvernement de M. Thiers, aux rancunes inavouables des monarchistes et révoqué comme préfet du Rhône. Cette révocation du héros de Strasbourg, de l'homme qui avait été grièvement blessé en défendant l'ordre à Lyon, causa en France et dans toute l'Europe une profonde indignation. M. Thiers lui offrit une recette générale qu'il refusa et le nomma commandeur de la Légion d'honneur, au grand scandale des héros en pantoufles de la droite. Les chagrins de famille auxquels j'ai fait allusion empoisonnèrent les dernières années de ce grand citoyen, et le poussèrent au suicide le 31 octobre 1879.

Dès les premiers jours, le nouveau préfet de Strasbourg adressa à la population une proclamation dans laquelle, rappelant son passé de représentant du Bas-Rhin en 1848, il annonçait la ferme volonté de résister jusqu'à la dernière extrémité. Hélas ! Valentin arrivait tard dans sa préfecture en flammes, la capitulation n'était plus qu'une question de jours. Le général Uhrich, sur le compte duquel la France se fit des illusions si vite dissipées, n'avait tiré qu'un parti médiocre de moyens de défense d'ailleurs insuffisants. Le baron Pron, préfet bonapartiste, celui-là même qui, au début de la guerre, accusait les protestants de connivence avec les Prussiens, s'occupait uniquement de répandre dans la ville assiégée de fausses nouvelles, et de dresser des listes de proscription, de concert avec le commissaire central Berger. Il eût fait un coup d'Etat le jour où les délégués suisses (qu'il accusait d'être de *faux suisses*), apportèrent la nouvelle de la Révolution du 4 Septembre, révolution qu'il connaissait, de son propre aveu, et qu'il aurait tenue cachée, si le général Uhrich ne s'y était opposé avec fermeté. En attendant l'arrivée de Valentin, la Commission municipale nomma un de ses membres préfet intérimaire, et confia la mairie à Küss. Ce jour-là, le baron Pron faillit être écharpé par la foule.

J'ai dit qu'Engelhardt avait été nommé par le Gouvernement de la Défense Nationale maire de Strasbourg. D'accord avec Valentin, il devait attendre que celui-ci fût entré dans la ville, et lui fournît les moyens d'y pénétrer à son tour, car leur entrée simultanée eût été une entreprise trop hasardée. Il resta à Schelestadt jusqu'à la prise de cette place par les Allemands. La conduite si correcte d'Engelhardt, vieux républicain digne à tous égards de respect, préfet de la Défense à Angers, et conseiller municipal de Paris, mort pauvre, fidèle à ses idées et à son pays, fut violemment attaquée en 1871 par Schneegans que j'avais eu le tort de recommander pour la rédaction en chef du *Journal de Lyon*. Valentin et moi dûmes prendre la défense de notre ami contre les calomnies de Schneegans. On sait que celui-ci s'est rallié et est mort consul général d'Allemagne à Gênes, grassement payé de sa trahison.

Quant au baron Pron, ce digne fonctionnaire bonapartiste, après avoir essayé de contester l'héroïsme de Valentin, eut l'audace de se présenter en septembre 1872 au Conseil général d'Eure-et-Loir, dans le canton de Châteaudun. Il fut battu, et je me flatte de n'avoir pas peu contribué à cet échec en écrivant à mon collègue Noël Parfait une lettre assez vive où je stigmatisais sa conduite publique et privée, lettre qui fut mise sous les yeux des électeurs.

Le 27 septembre 1870, la capitulation de Strasbourg fut signée. Les Prussiens entrèrent dans la ville, réduite à un monceau de ruines fumantes. Ils arrêtèrent Valentin, au mépris des termes de la capitulation, et le gardèrent prisonnier à la forteresse d'Ehrenbreitstein jusqu'à la paix.

Les Allemands, par leurs continuelles incursions à Colmar et à Mulhouse, poursuivaient deux buts différents : exercer des réquisitions, et empêcher les jeunes gens en âge de porter les armes de partir pour l'intérieur. Des comités se formèrent, à Mulhouse notamment, pour réunir les hommes valides désireux de prendre du service, et les dirigèrent d'abord sur Belfort puis quand le viaduc de Dannemarie fut coupé, sur Bâle. De Bâle, on les envoyait à Lyon, où il formèrent à Caluire cette légion d'Alsace-Lorraine, qui, hélas ! ne put être conduite au feu faute d'équipements. En même temps, les industriels de Mulhouse souscrivaient pour l'achat d'une batterie d'artillerie.

Cependant, les Allemands avançaient toujours. Ils n'admettaient pas que les villes ouvertes ou les villages se permissent de résister. Ils fusillaient au mépris du droit des gens tous les gardes nationaux pris les armes à la main. C'est ainsi que le capitaine des pompiers J.-B. Schmitt, d'Urschenheim, fut passé par les armes ; le général-major Keller se fit un cruel plaisir d'annoncer au maire d'Urschenheim cette exécution.

Pour gêner les incursions des Allemands qui usaient en liberté du chemin de fer de Strasbourg à Mulhouse, l'ingénieur des travaux du Rhin, Gauckler, dont j'ai cité la courageuse conduite lors du siège de Strasbourg, eut l'idée de faire sauter le viaduc de Lutzelbourg dans les piles duquel étaient ménagées des chambres de mine. Manquant de matières explosibles, il me demanda de lui fabriquer de la nitroglycérine. En 1870, ce produit, de même que la dynamite, était d'un usage peu répandu. Je ne m'étais jamais occupé pour ma part de sa fabrication, très dangereuse surtout quand on n'a pas d'installation appropriée. Je demandai d'abord à Gauckler comment il comptait se servir de cet explosif. Le pacifique ingénieur, philanthrope déterminé et fouriériste convaincu, m'expliqua posément que la nuit des sentinelles allemandes gardaient la voie ferrée. Il s'agissait, pour approcher du viaduc, de supprimer sans bruit (c'est-à-dire en les égorgeant au couteau), quelques-unes de ces sentinelles. Le calme avec lequel le brave Gauckler m'exposait son plan me donna froid dans le dos. Egorger doucement dans la nuit quelques hommes, même des soldats allemands, ne m'agréait qu'à demi. Gauckler, pour me rassurer, me dit que deux de ses agents, ceux-là mêmes qui avaient introduit les correspondances à la nage dans Strasbourg bombardé, se chargeraient de cette besogne « avec plaisir ». Nous n'avions qu'à suivre la crête des Vosges et à atteindre de là le viaduc de Lutzelbourg, avec nos hommes et nos cartouches, par une nuit noire.

Restait à fabriquer la nitroglycérine. Aidé de mon vieux garçon de laboratoire Bruckert, je me mis à composer ce produit par petites quantités, jusqu'à concurrence de cent kilogrammes : Gauckler tenait à avoir une provision en réserve. Pendant huit jours, nous travaillâmes dans l'usine de Thann, au risque de sauter mille fois. Mais il fallait essayer le produit. J'en plaçai cinquante grammes dans une chaudière hors de service, et les fis détonner. Une explosion formidable mit le pays en révolution. Je l'expliquai comme je pus aux autorités en imaginant un accident de fabrique. Mais une grande épreuve sur un échantillon pris dans la masse du produit me parut nécessaire. Je fis faire par un tailleur de pierre, vieux soldat médaillé, un trou de mine dans la carrière de Kattenbach, aux portes de Thann, et y versai un verre de mon liquide. Le carrier, en me voyant opérer, crut que je me moquais de lui. J'eus grand'peine à l'éloigner de l'orifice de la mine, qui en éclatant fit crouler tout un pan de montagne. Ma fabrication ne laissait rien à désirer.

Mais il fallait transporter la bonbonne de grès contenant un hectolitre environ d'une solution que le premier choc pouvait faire éclater. Juste à ce moment, les Prussiens ayant occupé Colmar pour la seconde fois, Gauckler m'écrivit qu'il fallait expédier la bonbonne à Epinal. Je la plaçai sur un chariot de la fabrique avec d'autres récipients semblables pleins d'acide sulfurique, produit habituel de notre usine, et envoyai le tout à Remiremont, chez Mme Spony, qui représentait la maison Kestner dans les Vosges. Les Prussiens ayant bientôt occupé Epinal, l'expédition projetée fut abandonnée. Gauckler s'enrôla dans le corps de Garibaldi où il rendit de signalés services, en attendant que le Gouvernement de la

République lui confiât plus tard la direction des Chemins de fer de l'Etat. De mon côté, j'allai à Tours et à Bordeaux, et mes cent kilos de nitroglycérine passèrent l'hiver dans les magasins de Mme Spony. Celle-ci ne se douta jamais qu'elle dormait littéralement sur un volcan, dont l'explosion eût réduit Remiremont en poussière, d'autant que la température baissa bientôt terriblement, et que la nitroglycérine gelée est cent fois plus explosible qu'à l'état liquide. On la fait détonner avec une barbe de plume. Pendant des mois, je vécus dans une inquiétude mortelle, n'osant néanmoins avertir personne, tant je redoutais une imprudence.

En mai 1871, après avoir donné avec Gambetta et vos autres collègues ma démission de député du Haut-Rhin, je rentrai à Thann et j'envoyai une voiture bien suspendue chercher mes cent kilos de nitroglycérine à Remirement. Par miracle, ce retour s'accomplit comme l'aller, sans accident. Nous risquâmes encore une fois notre vie, mon fidèle Bruckert et moi, en allant vider doucement la bonbonne dans une sablière abandonnée de l'Oxenfeld. Cette opération faite, je respirai librement pour la première fois depuis des mois.

XI

(Octobre- Décembre 1870.)

Le dimanche 20 octobre les Allemands ayant passé le Rhin à Neubourg se présentèrent de nouveau devant Mulhouse, exigeant de nombreuses réquisitions. Une partie de la population, excitée par des étrangers et par les agents grévistes de juillet, hostiles à la municipalité républicaine, envahit l'Hôtel de Ville. Ce fut notre 31 octobre. Le lendemain, les Allemands entrèrent dans Mulhouse, où ils réstèrent une semaine. A leur départ, des enfants ayant adressé aux soldats des gestes de moquerie, ceux-ci tirèrent sur la foule désarmée et firent plusieurs victimes. A la suite de cet incident les Allemands frappèrent de nouvelles réquisitions, sous menace de bombardement. Le maire, le vénérable Jean Dollfus, se rendit alors au camp allemand pour protester contre des procédés indignes d'une nation civilisée, et, dans sa colère, jeta aux pieds du commandant des troupes ennemies le cordon de l'Aigle-Rouge que lui avait autrefois remis le roi de Prusse. L'héroïque vieillard jouait sa tête. Il obtint pourtant un sérieux adoucissement des exigences des Allemands, que stupéfia cet acte de courage civil.

Pendant ce temps, à Thann, nous préparions la défense. De Belfort, on nous envoya un bataillon de mobiles de la Loire, commandé par M. de Cireuil, qu'accompagnait sa femme. C'est à ce moment que M. Keller, dont j'ai signalé l'action dans les affaires du *Volksbote*, obtint du Gouvernement de Tours, grâce sans doute à sa qualité d'ex-député du Haut-Rhin, un brevet de colonel lui donnant le commandement des compagnies de francs-tireurs opérant dans la région des Vosges. Plusieurs de ces compagnies s'étaient formées en Alsace, notamment à Guebwiller, à Belfort, à Thann et à Mulhouse. Les autres venaient de la Haute-Saône, de l'Ain, de la Gironde, de l'Isère, du Gard et de Paris. Les francs-tireurs de Paris, alsaciens d'origine, avaient pour chef le brave capitaine Braun, blessé trois fois au début de la guerre à Spickeren, qui devait faire avec ses hommes preuve du plus grand courage sur les champs de bataille de Beaune-la-Rolande, de Villersexel et d'Héricourt.

Le colonel Keller semblait préoccupé surtout de politique, et des élections à la Constituante toujours ajournées : « Il faisait, écrivait le capitaine Braun au général Cambriels, une tournée électorale en règle, et partout les paysans étaient persuadés qu'il organisait son régiment de ses propres deniers. J'ai à deux reprises demandé à M. Keller d'aller dans la plaine où l'ennemi était signalé. Il répondait invariablement : Nous ne sommes pas encore assez organisés, — et me laissait partir seul ». Il faut noter que le capitaine Braun était comme Keller catholique pratiquant, ce qui ajoute à la valeur de son témoignage. Un jour, la compagnie des francs-tireurs de Thann ayant attaqué les Allemands à Mayenheim, les officiers furent vivement blâmés de leur « imprudence » par le colonel. Celui-ci eut du reste l'esprit de laisser une large part du commandement à son adjudant-major Renault, ingénieur des Ponts et chaussées, frère de Léon Renault, aussi courageux que débrouillard.

Le 15 octobre, les Allemands furent signalés à Guebwiller et à Soultz. La compagnie du capitaine Braun leur avait tué une dizaine d'hommes. Nous nous mîmes tous en marche pour prendre contact avec l'ennemi. Keller, qui se trouvait à Wesserling au fond de la vallée, nous rejoignit en voiture avec deux officiers, ses amis politiques, l'un était M. Léon Lefébure, ancien député officiel, l'autre M. de Luppé, ancien zouave pontifical, qui depuis fit brillamment son devoir pendant la guerre, et que je vis à Cette, au cours de l'armistice, remettre vigoureusement à leur place quelques jeunes francs-fileurs qui parlaient irrespectueusement de Gambetta. A 4 heures 1/2 nous occupions la hauteur dominant Soultz. Keller, très embarrassé, réunit les officiers de francs-tireurs et de la garde nationale. Au lieu de nous donner ses ordres, il nous demanda notre avis. Personne ne répondant, il m'interpella personnellement. Je conseillai d'envoyer des éclaireurs à Soultz et à Guebwiller. A leur retour nous aviserions. Nos éclaireurs revinrent à la nuit, annonçant que les Allemands s'étaient retirés. Nous cherchâmes notre chef. Il était reparti en voiture avec ses deux aides de camp.

L'affaire de Soultz augmenta la confiance que nous inspirait le capitaine Braun. Plusieurs officiers me demandèrent instamment de faire auprès du Gouvernement des démarches afin d'obtenir la nomination de ce dernier à la place de M. Keller. Je résistai longtemps, représentant à mes collègues que j'étais sans mandat, que je ne connaissais personne au Gouvernement et que mon intervention serait illusoire. Mais, bon gré mal gré, je dus céder. Je partis donc, le 24 octobre, avec mon beau-frère Edouard Stehelin, peu confiant dans le succès de ma mission.

A Lyon, on me dit qu'un laisser-passer délivré par la mairie était indispensable pour voyager. Sans relations dans la ville, je me souvins fort à propos qu'un ancien proscrit de mes amis, l'ouvrier Benoît, faisait partie du Conseil municipal depuis le 4 septembre. Benoît me conduisit chez le maire Hénon, qui me donna de sa main un passeport pour Thours (*sic*). Sûr, désormais, de ne pas être pris pour un espion (on en voyait partout à cette époque), je continuai mon voyage vers le siège du gouvernement. Mon seul espoir était en Spuller, avec qui j'avais dîné chez mon beau-frère Charles Floquet; malheureusement je me rappelai une discussion un peu vive au cours de laquelle mon intransigeance superbe avait violemment malmené devant lui les députés « baveurs de serment ». Le bon Spuller en avait sans doute perdu le souvenir, car il me reçut à bras ouverts, et écouta mes explications en clignant ses yeux scrutateurs. Quand il eut compris le motif de mon voyage, je le vis sourire. Il allait parler, quand après réflexion il passa dans la pièce voisine, le bureau de Gambetta. J'entendis la voix insinuante de Spuller insistant, une autre voix plus forte, plus mâle, répondant avec violence. Gambetta accablé de travail, harcelé du matin au soir par des importuns, se défendait évidemment contre un quémandeur inconnu; il ne voulait pas me recevoir. Enfin il céda, car la porte se rouvrit, Spuller me saisit par les épaules et me poussa dans le bureau du dictateur.

Je le voyais pour la première fois, ne me doutant pas que, bientôt, une amitié fidèle jusqu'à la mort devait m'unir à celui en qui s'incarnait alors l'âme de la Patrie. Dans l'embrasure d'une fenêtre un jeune homme au maigre profil de médaille antique feuilletait des papiers sans me regarder. « Que me voulez-vous, Monsieur? » dit-il enfin. Je commençai à parler de l'Alsace, des Alsaciens dont le dévouement et la bonne volonté étaient dédaignés. — « Je n'ai pas le temps de vous écouter », dit Gambetta. — « Eh bien, monsieur le Ministre, je vais vous parler net et court: Je viens vous dire que M. Keller que vous nous avez donné pour chef est impuissant, qu'il manque d'énergie, qu'il n'a rien fait dans les Vosges. Je viens au nom des officiers de son corps vous demander, non sa destitution, car il a montré de la bonne volonté, mais son remplacement par le capitaine Braun. Moi qui ai vu de près la situation, je vous jure que c'est indispensable. »

— « C'est bon, monsieur, nous verrons. »

Je sortis peu satisfait de cette réponse. Spuller me reçut en riant.

« Voilà deux jours que la chose est faite. Nous avons tourné la difficulté en donnant à Keller l'ordre de verser ses hommes dans le corps d'armée formé à Dôle par Garibaldi. » Et Spuller ouvrant le registre des dépêches officielles, me montra le télégramme expédié de l'avant-veille à Keller. Mais de qui venait l'initiative de cette mesure ? Spuller ne me cacha pas que notre colonel avait été privé de son commandement sur la demande de M. Fritz Hartmann, de Munster, qui était venu à Tours signaler son insuffisance. Keller obligé de conduire son bataillon à l'armée de Garibaldi et sur la dénonciation de son ami Hartmann ! Le coup était doublement drôle.

Mais je n'avais pas accompli toute ma mission. Puisque le corps franc des Vosges était placé sous les ordres de Garibaldi, c'est du patriote italien que je devais obtenir la nomination de Braun.

Je me décidai à partir pour Dôle, non sans rendre visite à Crémieux, vieil ami de ma famille. Je dînai chez cet excellent homme installé à l'évêché : il me parut plus enthousiaste de l'évêque de Tours que de Gambetta.

Le 29 octobre au soir, j'arrivai à Dôle, ne sachant comment faire pour pénétrer jusqu'au général. La ville était encombrée de chemises rouges et de francs-tireurs multicolores. Je fus surpris de l'ordre et de la discipline qui y régnaient ; pas un cri, pas le moindre tumulte. Sur la foi des journaux réactionnaires, je m'attendais à trouver un camp volant de condottieri festoyant à chaque coin de rue. Il n'en était rien. La seule note un peu théâtrale était donnée par la présence de quelques amazones tirant l'œil plus qu'il ne convenait, que certains officiers avaient attachées à leur personne. Je me heurtai sur le trottoir avec un officier supérieur garibaldien qui me tendit la main en me disant : « Comment, c'est vous ? que faites-vous ici ? » Je reconnus mon compatriote et ami Bartholdi, l'éminent sculpteur, que Gambetta avait envoyé à Garibaldi, pour lui porter au débotté ses instructions verbales.

Cette rencontre était pour moi providentielle, que l'on me passe l'expression. Je fis part à Bartholdi du but de ma mission. Il m'emmena dîner avec l'état-major des chemises rouges. Nous entrâmes dans la salle à manger d'un hôtel dont j'ai oublié le nom ; je distinguai dans la fumée comme un buisson d'écrevisses. Il y avait autour de la table Bosak-Haucké, Canzio le gendre du général, ses fils Ricciotti et Menotti, le vieux Bosso que j'avais rencontré en Suisse chez nos amis communs de la proscription, l'ingénieur Gauckler, dont j'ai déjà parlé, mon complice pour la fabrication de la nitroglycérine, et au milieu de jeunes officiers fort fringants, deux des jolies amazones sus-mentionnées.

Après le dîner, Bartholdi me conduisit à la sous-préfecture où Garibaldi avait son quartier-général. les escaliers grouillaient de chemises rouges, montant et descendant, venant au rapport ou emportant des ordres. Mais tout cela sans bruit, simplement, sérieusement. Je n'en croyais pas mes yeux, et voyais tomber à chaque pas quelque lambeau de la légende réactionnaire. Au premier étage, une enfilade de pièces, toutes grandes ouvertes, étaient occupées par des militaires et des civils qui travaillaient ou attendaient leur tour d'audience. Enfin, nous entrâmes dans le bureau du colonel Bordone, ancien médecin ou pharmacien de la marine française, chef d'état-major général de l'armée des Vosges. Bartholdi me présente. Ma qualité de beau-frère de Charras me sert de passe-port. Bordone m'introduit aussitôt dans la pièce voisine, où se tient Garibaldi. C'est une assez modeste chambre à coucher. Au milieu, derrière une petite table recouverte d'un tapis, le général est assis. Il me fait prendre place auprès de lui.

« Qui êtes-vous? Que voulez-vous? » me dit-il. Je lui fais le récit de ce qui s'est passé en Alsace, je lui parle de l'inaction de Keller, du désir qu'ont exprimé ses officiers de le voir remplacé par Braun. Garibaldi paraît hésiter. Il jette un coup d'œil sur Bordone qui s'entretient de moi à voix basse avec Bartholdi. Bordone fait un signe de tête favorable. Je m'empresse d'ajouter que je suis le beau-frère de Charras, l'ami des proscrits français et italiens, que j'ai été en prison sous l'Empire, et que Bartholdi est mon répondant. Alors, sans m'adresser la parole, le grand taciturne prend lentement une feuille de papier et y trace ces mots : « Le capitaine Braun est nommé chef du bataillon des francs-tireurs des Vosges, en remplacement de M. Keller. — Garibaldi », plie le papier et me le remet. Il se lève, me serre la main, et je m'en vais.

L'influence prépondérante de Bordone avait soulevé dans l'entourage de Garibaldi de violentes jalousies, et une véritable conspiration se forma dans un groupe d'officiers de l'armée des Vosges, à l'instigation du colonel Lobbia, sous-chef d'état-major (depuis député à la Chambre italienne), pour solliciter du gouvernement de Tours son remplacement. Gambetta demanda à Garibaldi s'il tenait à son collaborateur. Le général répondit par une lettre qu'une jolie amazone polonaise, attachée au général Bosak-Haucké, remit à Ranc en mains propres, et dans laquelle il disait : « Je ne puis me passer de Bordone; avec lui au moins je dors tranquille, certain que mes ordres ont été exécutés, que toutes les grand'gardes sont placées... » Bordone fut donc maintenu. Quand les officiers qui l'avaient dénoncé connurent cette décision, ils allèrent porter leur démission à Garibaldi. Celui-ci fit séparer les Français des Italiens. « Messieurs, dit-il aux premiers, vous devez savoir qu'on ne démissionne pas en présence de l'ennemi. Vous allez passer en conseil de guerre. » Puis s'adressant aux Italiens : « Quant à vous, vous êtes libres de partir. Demain, la prévôté vous désarmera et vous fera conduire à la frontière. Seulement, vous commencerez par rembourser à la trésorerie vos entrées en campagne. Vous pouvez sortir. » La nuit porta conseil : le lendemain, les uns et les autres retirèrent leurs démissions.

Garibaldi faisait régner dans son armée une discipline de fer. Beaucoup d'officiers ayant pris l'habitude de passer les nuits à jouer au baccarat, il donna l'ordre au prévôt de faire une ronde dans les cantonnements et de mettre aux arrêts de rigueur tous les joueurs. Le prévôt savait que Riciotti et Menotti ne dédaignaient pas toujours la dame de pique. Il hésita un moment et dit au général : « Et si je rencontre vos fils autour du tapis vert ? » — « Vous les conduirez aux arrêts les premiers. »

Pendant que Garibaldi se trouvait à Sombernon, dans la Côte-d'Or, où il habitait la maison des Spuller, un de ses hommes voulut faire violence à une femme de chambre. Le général ordonna de le passer par les armes, et la belle-sœur de Spuller eut beaucoup de peine à obtenir sa grâce. Je tiens ces divers détails de mon vieil ami Ranc.

Le soir, je partis pour Thann. A mon passage à Lyon, je reçus la dépêche suivante : « Quartier général à Scheurer-Kestner, hôtel Europe, Lyon. Keller a reçu ordre de nous rendre compte de ses opérations. S'il refuse, son corps sera dissous et réorganisé. »

Quand je rentrai à Thann, le 30 octobre, Keller avait ramené en arrière, vers Wesserling, la plupart de ses compagnies de francs-tireurs. Tenant cachés, même à ses officiers, les ordres du Gouvernement, refusant d'ailleurs de verser ses hommes au corps de Garibaldi, il leur avait donné le choix de le suivre à Besançon ou de rentrer dans leurs foyers. Ceux qui suivirent leur ancien chef à Besançon connurent bientôt la vérité. On les versa dans des régiments de marche, à l'armée de la Loire ou à l'armée de l'Est, où ils se battirent comme de vieilles troupes. Mon frère Jules, âgé de dix-sept ans, obtint la médaille militaire. Quant à Braun, que j'avais enfin retrouvé et à qui je pus faire accepter, non sans peine, sa nomination au grade de chef de bataillon, il rejoignit Dôle avec ses francs-tireurs et quelques autres compagnies. Keller alla plus tard à Lyon se plaindre à Challemel-Lacour et lui demanda la permission d'enrôler pour un nouveau corps franc des hommes de la légion alsacienne, alors en formation. Challemel-Lacour refusa et lui reprocha vivement sa conduite, ce qui explique l'animosité avec laquelle Keller poursuivit plus tard à l'Assemblée l'ancien préfet du Rhône.

Pendant les derniers jours d'octobre, une compagnie de francs-tireurs du Haut-Rhin, sous les ordres du brave capitaine Schein, se fit remarquer par son activité et son courage. Elle eut avec l'ennemi plusieurs engagements heureux, tuant ou faisant prisonniers une vingtaine d'hommes au nord-ouest de Mulhouse. Deux soldats de Schein, faits prisonniers, furent suspendus à un arbre et servirent, dans cette position, de cible à l'ennemi, qui prolongea à plaisir leurs souffrances. Les Allemands ont trop souvent donné au cours de la guerre des exemples d'une pareille barbarie.

A ce moment nous recevions la terrifiante nouvelle de la trahison de Bazaine et de la capitulation de Metz.

L'incurie des généraux français au début de la guerre et une mauvaise chance persistante semblaient favoriser la marche des Prussiens. Denfert avait bien détruit le viaduc de Dannemarie et rendu ainsi beaucoup plus difficile la tâche des Allemands autour de Belfort. Mais on n'avait fait sauter aucun des nombreux tunnels des Vosges. Le 10 novembre, les Allemands surprirent au milieu de la nuit le gardien qui devait mettre le feu aux mines du tunnel de la route de Bussang, et envahirent librement notre vallée, depuis huit jours abandonnée par tous les corps francs.

J'étais depuis longtemps résolu à aller prendre du service en France, mais auparavant je voulais assurer le sort des ouvriers de l'usine. Les travaux étaient arrêtés faute de houille et de matières premières, les communications se trouvant partout interrompues. Nous résolûmes donc, mes beaux-frères Victor Chauffour, Risler et moi, de fermer la fabrique en garantissant à tous nos employés un minimum de paie nécessaire à leur existence. Nous promîmes 1 franc aux célibataires, 1 fr. 50 aux hommes mariés n'ayant pas plus de deux enfants et deux francs aux autres. Les ouvriers habitant la campagne étaient autorisés par nous à rester chez eux et à se livrer aux travaux agricoles en renonçant à la moitié de cette paie, ce qui nous permit de secourir plus largement leurs camarades chargés de famille. Tous acceptèrent avec reconnaissance ce *modus vivendi*, et nous fûmes heureux de remplir pendant tout l'hiver ce devoir d'humanité envers nos collaborateurs au prix d'un très lourd sacrifice pécuniaire.

J'étais occupé dans mon laboratoire à régler cette question des salaires, quand on vint m'annoncer l'entrée de l'ennemi à Thann par trois côtés à la fois. Les Allemands recherchèrent les fusils de la garde nationale, mais sur 600, ils n'en trouvèrent que 200. Quelques jours après arriva un régiment polonais de landwher, destiné à aller renforcer l'armée assiégeant Belfort. Ces

malheureux, qui ne parlaient pas allemand, étaient
aussi peu désireux que possible de se battre. Nous
fournîmes des vêtements d'ouvriers à un certain
nombre d'entre eux qui désertèrent. Chaque nuit,
à trente kilomètres de distance, nous entendions
la canonnade de Belfort. On distinguait nettement
le son de la « grosse Catherine », une des pièces
du rempart, aujourd'hui, hélas ! à Berlin. Nous
avions organisé dans le parc de la fabrique une
ambulance de douze lits où furent soignés pendant tout l'hiver des blessés français ramassés
sous les murs de Belfort par les ambulances.

Le 6 décembre, enfin, mes dispositions prises
pour l'entretien de nos ouvriers, je pus partir
avec ma femme et mes filles pour Bâle. Je vis
fonctionner dans cette ville un bureau de recrutement organisé par nos amis de Mulhouse, au
grand déplaisir du consul de France, dont l'attitude révoltante scandalisait non seulement nos
compatriotes, mais les Suisses eux-mêmes. Je
laissai ma femme et mes enfants à Bâle auprès
d'autres membres de ma famille, et me rendis à
Lyon, où Challemel-Lacour, commissaire extraordinaire de la République dans le Rhône, alors
malade, me reçut dans sa chambre et me fit le
meilleur accueil. De son lit, il rédigea pour moi
une déclaration constatant que tous les Alsaciens-

Lorrains de 21 à 40 ans, célibataires ou veufs sans enfants, étaient appelés sous les drapeaux, conformément au décret du 29 septembre, et qu'ils devaient se faire incorporer dans les légions en formation à Lyon. J'envoyai cette pièce en Alsace pour vaincre la mauvaise volonté de quelques rares industriels peu désireux de payer de leur personne. Mais ces «dirigeants», bonapartistes de la veille, ne bougèrent pas, sous prétexte que Challemel-Lacour, en tant que préfet du Rhône, n'avait pas qualité pour appeler sous les armes les citoyens étrangers à son département.

Lyon était lugubre en dépit de l'animation de ses rues. L'hôtel de ville, avec son drapeau rouge flottant dans le brouillard du Rhône, avait un aspect tragique. On sentait la poudre ; tout respirait la misère et quelque peu le désespoir. Je me rendis au bureau de recrutement pour m'engager. Un sous-officier assis derrière un gros registre me demandait mon nom, quand le capitaine surveillant les opérations me tira par le bras dans l'embrasure de la fenêtre et me dit : « Mais vous êtes M. Scheurer-Kestner, de Thann ; que venez-vous faire ici ? Vous n'êtes pas appelé, ayant femme et enfants, gardez-vous de vous faire enrôler. Vous auriez toutes les peines du monde à reprendre votre liberté. Conservez-la. Vous pouvez être plus utile ailleurs. » Et comme je paraissais vivement surpris de ces paroles, le capitaine ajouta : « Je suis chimiste comme vous, je m'appelle Schultz, de Mulhouse, et je vous connais fort bien. C'est pour cela que je vous épargne, passez-moi le mot, une fameuse bêtise. Les jeunes gens qui viennent ici sont célibataires, ils sont appelé et doivent obéir à la loi. Mais croyez-moi, la légion en formation ne fera rien. Nous n'avons de quoi ni l'équiper, ni l'armer. Ces soldats passeront de longues semaines à Caluire à faire l'exercice avec des bâtons. Du reste, allez les voir, et je doute qu'après cette visite, vous persistiez à vouloir les rejoindre. Je vous le répète, vous avez mieux à faire ailleurs. »

Je remerciai vivement ce brave capitaine, et suivant son conseil, je me rendis à Caluire. Je trouvai un couvent transformé en caserne, rempli de recrues, parmi lesquelles je reconnus plusieurs de mes ouvriers de Thann ; ils attendaient depuis longtemps qu'on voulût bien les expédier sur le théâtre de la guerre, et se rongeaient dans l'oisiveté ; d'ailleurs très bien nourris. J'en avais assez vu.

Le capitaine Schultz me fit visiter les établissements militaires et l'intendance. J'y trouvai des Mulhousois engagés, quoique pères de famille, et mon vieil ami Mansbendel, celui qui avait fait le voyage de Paris pour porter une lettre à Clemenceau, lors de la découverte par la police de notre presse clandestine. Il distribuait avec conviction des capotes aux conscrits. Je demandai à Schultz de me faire au moins incorporer dans un régiment de marche. Il m'en dissuada, me disant que les moyens manquaient aussi pour en équiper et en armer de nouveaux, que d'ailleurs on me ferait passer l'hiver dans quelque dépôt. Il insista encore pour que j'allasse me mettre à la disposition du Gouvernement. « Allez à Tours, votre qualité d'ancien républicain et de chef d'industrie vous ouvrira facilement toutes les portes. » Mais j'avais encore sur le cœur mon premier voyage au siège du Gouvernement. Pourtant, cette idée s'insinua peu à peu dans mon esprit, que hantaient des rêves bizarres de destruction en masse des Allemands au moyen d'explosifs ou même de gaz asphyxiants. Ce n'est pas impunément qu'on a passé huit jours à fabriquer de la nitroglycérine ! Je me décidai donc à suivre les conseils du capitaine Schultz, et je partis avec un de mes amis d'Alsace, par Moulins et Nevers, où un brave hôtelier, en apprenant que nous étions Alsaciens, alla déboucher pour nous une vieille bouteille de cognac datant de son mariage. Mais le lendemain matin, nous apprenions que le Gouvernement, redoutant l'approche de l'armée de Frédéric-Charles, rendue libre par la capitulation de Metz, avait quitté Tours pour Bordeaux.

Je repris donc le chemin de fer avec l'ami qui m'accompagnait, mais les communications étaient fort intermittentes. Il fallut s'arrêter une nuit en gare de Vierzon pour laisser la voie libre aux trains militaires. De même à Poitiers, où pendant de longues heures toute l'horreur de la guerre a passé sous mes yeux. On nous avait fait descendre de wagon sans indiquer le motif de cet arrêt. Soudain un grand bruit résonna, et un train entra en gare, bondé de blessés. Par cette nuit noire et glaciale, pas le moindre secours à la gare, pas un médecin, pas une boisson chaude pour ranimer les malheureux qui arrivaient tout meurtris, mutilés, saignants, parqués comme des bestiaux dans des wagons de marchandises. Et quelles blessures ! Des membres déchiquetés, des figures enlevées par des éclats d'obus. Je vois encore un jeune officier, la colonne vertébrale brisée, exsangue, les yeux noirs de fièvre dans une face cadavérique, hurlant de douleur à chaque mouvement. On peut à peine le toucher, il souffre le martyre. Les infirmiers le déposent à terre sur un coussin. Ils en amènent une centaine d'autres, pansés avec du foin; pas ombre de linge ni de charpie. Voici un homme avec le bras fracassé soutenu par une planchette qu'une ficelle maintient à son cou en sciant la nuque. Quelques secours commencent enfin à arriver de la ville inhospitalière ; mais il faut remonter en voiture, le train doit faire place à d'autres convois également chargés de blessés. En voici un qui entre en gare, on entend les cris de douleur poussés par les pauvres soldats secoués par le passage sur les plaques tournantes. Un troisième train arrive, mais sans s'arrêter avec son lamentable chargement. Cette nuit en gare de Poitiers, au milieu des cris de souffrance, ce cauchemar peuplé d'ombres sanglantes et mutilées reste le plus horrible souvenir de ma vie. C'est la guerre sous sa forme la plus épouvantable et la plus exacte, la guerre dépouillée de sa fausse auréole, de ses excitations trompeuses, de son éclat théâtral et mensonger.

Vingt-quatre heures après, j'étais à Bordeaux, après un voyage dont je ne saurais préciser la durée. Je trouvai non sans peine un gîte et m'étendis dans un bon lit avec une égoïste satisfaction. J'y dormis de ce sommeil profond, sans rêves, par lequel la nature bienveillante nous permet d'oublier momentanément nos fatigues, nos soucis et nos misères. Le lendemain, deux mauvaises nouvelles. L'une, heureusement fausse, annonçait que mon frère Albert, nommé sous-lieutenant depuis peu, avait été tué au combat de Beaune-la-Rolande. L'autre, de source allemande, faisait connaître la trahison du nommé M..., agent-voyer en chef du Bas-Rhin, qui avait passé au service des Allemands, avec tout son personnel, disait-on. Les agents du service de ce bonapartiste écrivirent au ministre de l'Intérieur pour lui déclarer, qu'à l'unanimité, ils avaient repoussé les honteuses propositions de leur chef. Les journaux publiaient également un décret rendu à Versailles le 15 décembre par le roi Guillaume, décret frappant de la confiscation de leurs biens présents et à venir tous les Alsaciens qui prendraient dorénavant du service dans l'armée française. On sait le peu de succès qu'a eu cette mesure monstrueuse et injustifiable. Aujourd'hui encore, après plus de vingt ans, les tribunaux allemands doivent frapper tous les jours de peines pécuniaires fort lourdes les nombreux jeunes gens qui s'expatrient pour ne pas porter l'uniforme allemand. Mais ce décret du 15 décembre rendait encore plus nécessaire le règlement officiel de la situation des Alsaciens de 21 à 40 ans, célibataires ou veufs sans enfants, susceptibles et désireux de prendre les armes. La

pièce que m'avait délivrée Challemel-Lacour, à
Lyon, ne me suffisait pas; je voulus m'adresser
au gouvernement de la Défense nationale. J'allai
donc à la préfecture et au milieu des corridors
encombrés de caisses et de dossiers, envahis par
une foule de curieux ou de solliciteurs, je me mis
à la recherche de Jules Cazot, secrétaire général
du ministère de l'Intérieur, que je savais être un
bon républicain, une des plus nobles victimes du
2 Décembre. Je n'avais auprès de lui d'autre recommandation que mon nom : elle était mince.
Je fis passer ma carte et me trouvai bientôt en
présence d'un homme vigoureux, dans la force de
l'âge, aux traits fermes et bons à la fois. Je lui
exposai ma requête en lui montrant copie de la
déclaration de Challemel-Lacour. Comme Cazot
n'avait en ce moment personne auprès de lui pour
rédiger la pièce que je lui demandais, je lui proposai de recopier moi-même sur du papier à en-
tête du ministère la lettre du préfet du Rhône, ce
que je fis immédiatement. Il la signa et la timbra.
L'ami qui m'avait accompagné dans mon voyage
la rapporta en Alsace. Je n'oublierai jamais la
bienveillance que me témoigna à ce moment, sans
me connaître, Jules Cazot, le type du ferme républicain, de l'honnête homme. Il est devenu depuis
Garde des sceaux et, un moment, premier Prési-

dent à la Cour de cassation, poste qu'il a abandonné par un scrupule de conscience excessif. Il a été mon collègue à l'Assemblée nationale, et est encore assis au Sénat à mes côtés. Je le compte toujours au nombre de mes amis les plus sûrs et les plus chers.

Le soir je me promenais tout seul dans la rue, en faisant sur mon inaction des réflexions philosophiques plutôt pénibles. Un petit homme m'accosta avec ces mots : « Comment, vous ici? » — « Comment, et vous donc? » C'était Alfred Naquet, avec qui me liait doublement la communauté de nos études chimiques et de nos idées politiques. J'ai conservé pour lui de l'affection et même de l'estime, malgré son originalité touchant au cynisme, jusqu'au jour où il s'associa à Boulanger. Il m'entraîna dans la salle basse d'un restaurant voisin du théâtre, où nous rejoignirent bientôt une douzaine de convives, parmi lesquels je reconnus Barni, Isambert et Henri Liouville. Je devins l'habitué de cette table. Il y avait Cendre, Dusolier et Mazure qui, avec Isambert, formaient la « garde particulière » de Gambetta ; ils passaient la nuit à tour de rôle dans une chambre à côté de la sienne, recevant les dépêches pour les lui communiquer sur-le-champ en cas d'urgence. Dusolier venu de la Dordogne pour faire régler par son ami Gambetta, qu'il tutoyait depuis le quartier Latin, une question de mobilisation, avait été retenu pour remplacer au cabinet du ministre Antonin Proust, nommé préfet des Deux-Sèvres. Il y avait aussi Laur, le futur député boulangiste, Edmond Magnier, sans compter quelques jeunes gens dont la place eût plutôt, à mon humble avis, été devant l'ennemi.

On me reçut avec beaucoup d'amitié et de sympathie. Mais je souffrais un peu de voir de quelle façon mes nouveaux compagnons parlaient des événements les plus graves et les plus tristes. Malgré l'affection qu'on me témoignait, en ma qualité d'Alsacien je trouvais qu'on ne pensait pas assez autour de moi aux souffrances de nos compatriotes menacés par la conquête. Mais j'étais alors, comme on dit, un peu sur l'œil et volontiers injuste!

Naquet faisait partie d'un Comité d'études de moyens de défense, avec quelques militaires comme Désorties, dont on vantait le mérite, et Clésinger habillé en colonel. Le ministre de la Guerre avait institué ce Comité pour se débarrasser des innombrables inventeurs qui venaient lui faire perdre son temps en exposant leurs projets plus ou moins saugrenus. En causant avec Naquet du ministère de la Guerre, je me souvins

tout à coup de la visite qu'avait faite en 1869 à
nos usines de Thann un jeune ingénieur des mines,
nommé de Freycinet, chargé par le gouvernement
d'étudier l'hygiène industrielle. Cet ingénieur
m'avait produit une impression excellente par son
esprit ouvert et pratique. Mais était-ce bien le
même que Gambetta avait pris pour collaborateur ? On m'affirma que oui. Je me décidai donc
à aller le trouver pour me mettre à sa disposition. Par bonheur, le chef du cabinet du délégué
à la Guerre était Théodore Lévy, ami et
camarade d'école de mon beau-frère Auguste
Lauth. Il m'introduisit auprès de son chef, qui
me reconnut et me demanda ce qu'il pouvait faire
pour moi. Je lui exposai ma situation et mes dé-
sirs. Freycinet m'offrit alors « une mission très
dangereuse pour laquelle il lui fallait quelqu'un
disposé à risquer sa vie. » Il s'agissait de traverser avec un train les lignes ennemies afin de ravi-
tailler nos troupes de l'Ouest. J'acceptai immédiatement. Mais Freycinet qui, je l'ai su depuis,
voulait simplement me tâter, me dit de venir le
revoir avant de rien décider.

En sortant, je rencontrai mon ami Maurice
Lévy, ingénieur, qui me demanda si je ne pouvais
pas lui procurer un industriel alsacien, pour le
seconder dans l'organisation des batteries dépar-

lementales. J'aurais sauté à son cou, si j'avais osé me livrer à une démonstration semblable en public. Mais je dus lui avouer que j'étais engagé, ou peu s'en faut, avec Freycinet. Maurice Lévy, qui avait ses grandes entrées aux bureaux de la Guerre, s'y rendit immédiatement, et ressortit peu après en me disant : « Je vous ai dégagé. Si vous le voulez, je vous prends avec moi. » C'est ainsi que je devins ingénieur civil au service de la Défense nationale, avec une mission à Cette. J'appelai auprès de moi mon beau-frère Auguste Lauth, ingénieur des Ponts et Chaussées, convalescent d'une pneumonie qu'il avait contractée à l'armée de l'Est, où il commandait la compagnie de volontaires de Thann.

En attendant mon départ, pour occuper mes loisirs, je travaillais au *Bulletin de la République française* avec Barni et Edmond Magnier, qui depuis a été si cruellement traité par la fortune. Après avoir soutenu Gambetta dans son journal l'*Evénement*, Magnier l'attaqua avec violence quand Gambetta eut refusé pour des raisons majeures de soutenir sa candidature aux élections législatives dans le département du Var. Il a été mon collègue au Sénat jusqu'à ses malheurs. A Bordeaux, il m'enseignait l'art délicat de coller des bandes.

Mes amis de Bâle m'avaient écrit plusieurs lettres pour me signaler encore la conduite inqualifiable du consul de France, dont l'attitude était déplorable, et qui entravait de toutes ses forces le recrutement des volontaires alsaciens. Je demandai une audience à Crémieux, délégué aux Affaires étrangères. Il m'invita à déjeuner et, au dessert, je lui communiquai mes lettres de Bâle. Crémieux, très désireux de me donner satisfaction, finit par m'avouer que Chaudordy n'avait consenti à lui accorder la délégation qu'à une condition : il ne pouvait changer un seul agent sans en référer à Paris. Comme j'insistais sur l'urgence de la révocation du consul de Bâle et de son remplacement par Jules Kœchlin, Crémieux consentit, sur l'aimable insistance de sa fille, Mme Peigné, à envoyer un pigeon à Paris. Le lendemain, 30 décembre, la réponse revenait par la même voie, et mon ami Jules Kœchlin, était nommé. Son prédécesseur eut le triste courage de rester à Bâle et de tenir, dans les brasseries qu'il fréquentait assidûment, sur le compte de la France et de son gouvernement, des propos dont les Suisses-Allemands les moins sympathiques à notre pays étaient eux-mêmes indignés. Il se décida enfin à partir. Après la guerre, le Gouvernement eut le tort de l'envoyer comme consul, je ne sais où, aux Etats-Unis. Un Américain, à qui ce singulier agent osait parler un jour de la République française comme d'un gouvernement méprisable, le châtia sévèrement.

A partir de l'installation de Jules Kœchlin, tout fut changé à Bâle. Le bureau de recrutement relégué par son prédécesseur dans une ruelle inabordable, fut transporté au consulat de France. Jules Kœchlin, très apprécié des Bâlois à cause de sa situation, rendit dans ce poste des services éminents jusqu'à la fin de la guerre, époque où il résigna des fonctions qu'il avait acceptées temporairement, et par pur patriotisme. Le Gouvernement lui témoigna officiellement sa satisfaction et sa gratitude.

XII

NANTES. — LE PRÉFET FLEURY. — LE COLONEL DE
REFFYE. — ALFRED NAQUET. — L'ÉTABLISSEMENT
PYROTECHNIQUE DE CETTE. — LE BARON GRUYER. —
TRESFOND, MAIRE DE CETTE. — JE REFUSE LA PRÉFEC-
TURE DU RHONE.

Un décret en date du 26 décembre nous avait
nommés, moi directeur, et mon beau-frère Auguste Lauth, administrateur de l'établissement
pyrotechnique de Cette. Il était dit que je n'évi-
terai pas le képi galonné, si à la mode à cette
époque. Celui que je dus placer sur ma tête avait
juste quatre galons : une moyenne entre mon ancien képi de sous-lieutenant et la coiffure si dé-
corative du brave Steenackers, le Directeur général des postes.

C'est à notre compatriote Maurice Lévy, origi-
naire de Ribeauvillé, que nous devions cette
occasion de mettre nos connaissances techniques

au service du pays. Maurice Lévy, homme d'un caractère droit, d'une puissance de travail extraordinaire, depuis ingénieur en chef de la ville de Paris, professeur à l'Ecole centrale et membre de l'Académie des sciences, a été l'un des plus utiles organisateurs de la Défense. Il fut toujours ferme républicain, ardent patriote, et est resté fidèle à Gambetta jusqu'à la fin.

J'allai d'abord à Nantes étudier la fabrication des cartouches de canon de Reffye. A peine installé à l'hôtel, on me vola la sacoche contenant mon argent et ma commission. L'hôtelier m'engagea à porter plainte au préfet chargé de la police, et prononça le nom de ce fonctionnaire, M. Fleury. Ce nom fut pour moi une révélation. Fleury était l'ancien représentant de l'Indre à la Constituante de 1848, le proscrit de Décembre, l'ami intime de George Sand, le Ralph d'*Indiana*, et en outre le beau-père de mon ami Maurice Engelhardt, alors préfet d'Angers. Le vieux proscrit, s'était mis à la disposition du Gouvernement de la Défense nationale, et il administrait avec une habile fermeté le département si difficile de la Loire-Inférieure. Je me rendis immédiatement à la préfecture où il habitait avec sa fille Nancy, une éducatrice hors ligne, qui fonda à Paris, lorsque son père eut refusé de rentrer en fonctions sous M. Thiers, un pensionnat modèle où mes filles furent élevées. Je fus reçu, choyé comme un fils et un frère. Fleury n'avait pas voulu coucher dans la trop somptueuse chambre bleue que venait de quitter son prédécesseur Henri Chevreau. Je m'y installai sans la moindre pudeur lacédémonienne.

Nous passions les soirées, Fleury, sa fille et moi, à supputer les chances de succès qui nous restaient encore, à dépouiller les télégrammes officiels qui n'étaient pas de nature à nous donner de l'espoir. Le préfet ne se montrait guère optimiste, tout en faisant des efforts sérieux pour exciter la résistance Il m'écrivit le 9 février, après les élections : « La République a été battue par la coalition... Pendant que l'ennemi marchait comme une légion contre nous, les républicains de la Loire-Inférieure, intelligents et politiques comme le sont toujours les républicains, se sont divisés sur des noms propres dans leurs coteries misérables. L'amertume est comble et j'ai hâte de m'en aller. J'attends que l'exécutif soit constitué pour envoyer ma démission et faire mes malles. Mais où irons-nous ? Je ne sais ; nous sommes sans feu ni lieu. J'ai touché le fond de toutes les douleurs, et j'ai grand besoin de penser à mes chères et braves filles, à vous tous que j'aime de toute mon âme... »

Fleury n'avait rien négligé pour faire rechercher mon sac. Toute la police de Nantes était sur pied. Je n'avais sauvé du désastre que mon sabre de la garde nationale de Thann, toujours soigneusement enveloppé dans un fourreau de laine. Fleury le regardait avec curiosité. « Qu'avez-vous là, mon ami ? me disait-il avec son sourire charmant ; avouez que les voleurs vous eussent fait peu de peine en vous débarrassant de cet outil ». Le corps du délit fut enfin trouvé dans un chaland du port. Mais, hélas ! il ne contenait plus que ma commission déchirée. En juillet 1872, je reçus à l'Assemblée de Versailles une lettre signée de deux communards détenus à la maison centrale de Beaulieu, qui s'accusaient de m'avoir volé, m'exprimaient tous leurs regrets en termes emphatiques, et me priaient de les recommander à la Commission des grâces. Je remis leur singulière épître à d'Audiffret-Pasquier.

Je quittai la préfecture dès que mon beau-frère vint me rejoindre, pour loger avec lui. Nous nous mîmes en rapport avec le colonel de Reffye, l'ex-collaborateur de Napoléon III, et l'inventeur du canon calibre 7 qui porte son nom. Cet officier, du plus réel mérite, grand, brun, avec sa figure sérieuse et douce, avait plutôt l'air d'un professeur de sciences que d'un militaire. Il nous initia à la fabrication assez délicate de ses gargousses, et nous engagea à porter, par décorum, un costume d'apparence moins civile. C'est ainsi que nous fûmes amenés à renforcer l'aspect martial de mon fameux képi, par l'adjonction d'un veston et d'un pantalon bleu. Lauth choisit, à défaut de boutons spéciaux, ceux d'officier de marine. Moi, j'en découvris de superbes que Fleury me déclara après coup être à l'usage exclusif des sergents de ville de Nantes. O néant de la gloire !

Nous prîmes des notes sur le fonctionnement des machines et sur les matières premières, étudiant à fond l'établissement pyrotechnique de Nantes, installé de la façon la plus défectueuse et la plus dangereuse, comme il arrive souvent par suite du mépris du danger que donne l'habitude de certaines manipulations. Ainsi, dans un des baraquements, sur une table longue de cinquante mètres, couverte de poudre et d'obus en chargement, courait d'un bout à l'autre de la pièce un tuyau de poêle simplement embouti, la plupart du temps porté au rouge par la chaleur. Une étincelle eût fait sauter l'établissement et les ouvriers. Malgré mes observations, on n'y changea rien. On amorçait les capsules en pleine ville, dans l'élégante salle à manger d'une maison bourgeoise réquisitionnée à cet effet. Le fulminate séchait devant une cheminée où brûlait un énorme feu de houille. Dans la pièce à côté, la porte ouverte, un homme triturait sur une plaque de marbre cinquante kilogrammes de fulminate de mercure, de quoi faire sauter la moitié de la ville. Tout cela paraissait naturel aux habitués, et ne me surprit plus au bout de deux jours. Pour charger les gargousses on comprimait dans des cylindres creux de la poudre achetée en Espagne, poudre grossière contenant des grains de sable. Parfois, par le frottement, ces grains amenaient des explosions et un ouvrier était tué ou estropié. On n'en parlait même pas au colonel.

Celui-ci faisait exécuter sous ses yeux les canons, les affûts et les obus ; on fabriquait même les harnachements de façon à pouvoir fournir des batteries tout attelées.

Reffye, voyant l'intérêt que je portais à ses travaux, me faisait assister à la plupart des essais. Il recherchait surtout le moyen d'obtenir l'éclatement des obus au moindre choc. Ses percuteurs étaient si sensibles que j'ai vu une fois dans un lac des environs de Nantes le contact de l'eau prise en écharpe déterminer l'explosion. J'allais souvent avec un artilleur et un canon essayer des gargousses prélevées au hasard sur la fabrication journalière, et le chargement d'une pièce n'avait plus de secrets pour moi. Un jour Lauth et moi avions accompagné le colonel de Reffye pour livrer à des artilleurs bretons une batterie neuve et leur apprendre le maniement des pièces. Un premier coup fut tiré à blanc, et nous eûmes de la peine à retirer le culot de la gargousse, ce qui ne nous était jamais arrivé. On recharge, on tire, l'étoupille part, mais le coup ne part pas. Le colonel est tout pâle de surprise, les artilleurs commencent à maugréer, disant qu'ils ne peuvent aller se battre avec des canons qui ne fonctionnent pas. Bref, l'affaire marche mal. Tout à coup Lauth se baisse, ramasse le culot de la gargousse tirée, aperçoit un grain de métal blanc fondu, et me le montre. La même idée nous vient à tous les deux à la fois. Depuis quelques jours, par suite du manque de cuivre, on avait employé du zinc pour les gargousses à l'insu de Reffye. Je sondai la lumière du canon, elle était bouchée par le zinc fondu. La cause de notre insuccès connue, tout fut bientôt réparé, et le lendemain les artilleurs bretons partirent satisfaits, emmenant leurs pièces dans un état irréprochable.

Bientôt je repartis pour Cette en passant par Bordeaux. Je noterai un incident de route. Dans mon wagon se trouvaient deux jeunes officiers revenant de l'armée de Chanzy en permission. Un gros homme tout rond, tout blond, monta près de nous et bientôt demanda avec insistance à mes compagnons des renseignements sur la situation des troupes. Son accent ne me plut pas, et je l'interpellai en lui disant : « Vous êtes Allemand ! » — « Non, répondit-il, je suis Alsacien. » Comme il ne comprit pas la question que je lui posai d'abord en mulhousois, puis en strasbourgeois, le voyageur indiscret dut bien révéler sa véritable nationalité. Il nous avoua qu'il était Allemand, depuis vingt ans établi à Bordeaux. Je le mis à tout hasard entre les mains de la police à la première station.

Bordeaux était en proie à la fièvre : foule énorme dans tous les hôtels, cohue bruyante panachée de militaires de toutes armes et de figures étrangères dans les rues. Je retrouvai Alfred Naquet; il m'invita à assister à l'expérience d'une nouvelle invention proposée à Freyeinet. Je l'accompagnai au champ de tir dans une neige épaisse. Il s'agissait d'essayer des balles de phosphore, enveloppées de papier de plomb, et tirées au moyen d'un chassepot sur des planches

et sur le cadavre d'un cheval. Le résultat dépassa
nos espérances. Le phosphore se collait sur le
bois et sur la peau du cheval, il formait en brû-
lant des trous effroyables. En tant que chimistes
et patriotes un peu exaltés, cette horrible invention nous parut digne d'éloges. Mais Gambetta ne
voulut pas en entendre parler, sous prétexte que
l'emploi de ces balles de phosphore constituerait
une violation des lois de la guerre et du droit des
gens. Je doute qu'à sa place les Allemands eussent
été si scrupuleux.

Alfred Naquet est une des plus curieuses figures
que j'aie rencontrées dans ma vie. Je fis sa connaissance en 1867 au laboratoire de Wurtz à
l'Ecole de médecine, où travaillait mon frère Albert. Naquet était alors agrégé à la Faculté de
médecine, et le plus bel avenir s'ouvrait devant
lui. On le considérait comme un des futurs maîtres
de la science. En fait, il eût été mieux à sa place
dans une chaire de chimie qu'au Parlement. La
politique fit son malheur. Sur tous les points où
son esprit n'était pas lié et tenu en bride par la
précision des règles scientifiques, son manque de
jugement égalait son manque de sens moral affi-
ché dans ses livres avec une inconscience d'enfant, et qui scandalisa souvent ses meilleurs amis.
Car ce cynique se montrait démesurément can-

dide. Ni en morale ni en politique, il ne connaissait le sentiment vulgaire de la pudeur. C'est bien lui qu'on eût pu traiter non d'immoral, mais d'amoral. Avec cela, pas ombre d'hypocrisie. En 1871, à l'Assemblée de Bordeaux, il nous avoua tranquillement que son élection dans Vaucluse était entachée de mille fraudes, et qu'au moment de la vérification des pouvoirs, il démissionnerait pour éviter la discussion. Ce défaut de préjugés le mena jusqu'au boulangisme, et détacha de lui ses derniers amis, dont j'étais.

Eh bien, ce cynique souvent si peu scrupuleux, sujet à tant de défaillances morales, était parfois capable d'agir avec la délicatesse la plus raffinée. Condamné, comme je l'ai déjà raconté, à la fin de 1867, dans le procès de Manœuvres à l'intérieur, dit des « Trois bossus », et se trouvant dans un absolu dénûment, il pria un ami de lui procurer une avance d'argent. Je réunis dans le Haut-Rhin la somme de 1.800 francs qui lui fut remise à titre non de prêt, mais de secours. Dans sa lettre de remerciement, je trouve un passage qui fermerait la bouche aux détracteurs, par comparaison, de la jeunesse d'à présent. Dès 1868, Naquet s'indignait de l'égoïsme des jeunes gens prisonniers avec lui à la Santé. « A l'exception d'un seul, dit-il, ils sont, je ne dirai pas d'affreux réactionnaires, mais d'affreux indifférents qui songent à gagner de l'argent, à qui le bien général n'importe guère, et dont les moins mauvais masquent leur égoïsme par une feinte espérance de voir l'Empire s'améliorer et nous donner la liberté. » Bientôt après sa sortie de prison, en décembre 1869, Naquet m'écrivit qu'il se considérait comme mon débiteur, qu'il entendait rembourser la somme envoyée d'Alsace. « Ne me dites pas que vous refusez, je ne me rendrais pas à votre refus. Il n'y a aucune indignité à accepter un secours, mais je crois faire un acte honnête en restituant ce qui peut être utile à d'autres, puisque je le puis à l'heure qu'il est. » Jusqu'au mois d'août 1870 il me remboursa cent francs par mois. Je n'avais pas conservé la liste des souscripteurs. C'est lui qui me l'envoya.

J'ai tenu à citer ce trait si honorable de délicatesse pour prouver que l'homme n'est jamais complet: Naquet a commis de grandes fautes dont certaines ne lui seront jamais pardonnées par ses anciens amis républicains, comme lorsqu'il s'est rallié à un dictateur grotesque, en lui sacrifiant des principes qu'il avait défendus autrefois avec courage, et pour lesquels il avait subi la persécution et l'emprisonnement. Au fond, il n'a jamais fait de mal à personne, sauf à lui-même.

Mon beau-frère m'avait précédé à Cette. Dans ses lettres, il se plaignait vivement à moi du mauvais accueil de la population et surtout du Conseil municipal. Je remplaçais un ingénieur civil alsacien nommé T..., à la fois directeur de l'Etablissement pyrotechnique de Cette et président de la Commission régionale d'armement à Saint-Etienne, où sa présence fut jugée plus nécessaire. T... nous desservit de toutes ses forces, multipliant les mensonges, nous représentant à la municipalité comme des réactionnaires, à la population comme des commissaires munis de pleins pouvoirs et tout prêts à user des plus extrêmes rigueurs. Mon beau-frère Lauth, qui est la bonté même, mais qui se montre volontiers roide et cassant quand on lui cherche noise, reçu comme un pestiféré, n'avait pas caché son mécontentement. Il était exaspéré. Dès mon arrivée, je me rendis chez le maire de Cette, Tresfond. Je fus accueilli d'abord assez froidement par un petit homme à la figure intelligente, modestement installé dans un appartement proprement tenu où deux petites filles jouaient à côté de leur mère occupée à des travaux de couture. Un intérieur patriarcal. Tresfond écoutait mes doléances. « N'êtes-vous pas parent du colonel Charras? me dit-il tout à coup. Vous avez dû connaître mon ami

Ferdinand Flocon. » La glace était rompue. Du coup, le brave Tresfond supprima le mot « Monsieur » et me donna du « Citoyen. » Il me conduisit au Conseil municipal, fit mon éloge, se porta garant de mon civisme. Les conseilllers me serrèrent la main, sans me cacher leur regret de voir partir T... Celui-ci s'agitait dans la coulisse, et pour des raisons que j'ignore, ne voulait toujours pas me céder la place. Je dus en référer à Maurice Lévy qui, le 28 janvier, mit T... en demeure de s'exécuter, et de nous remettre un état complet de la situation de l'établissement, travaux et commandes. Ce triste personnage refusa de nous fournir aucun renseignement. Il licencia les ouvriers, fit démonter les machines et mélanger toutes les pièces. C'était de la trahison devant l'ennemi.

Lauth eut une peine infinie à reconstituer le matériel et à retrouver les pièces des machines. Mais du moins la félonie de T... eut cet avantage de nous mettre désormais en excellents termes avec le Conseil municipal de Cette, très inquiet de voir le licenciement de l'usine jeter sur le pavé un nombre assez considérable d'ouvriers. Il nous facilita par tous les moyens la réorganisation des ateliers qui rouvrirent immédiatement, et installa à notre porte un poste

d'honneur de gardes nationaux dont je me serais
passé.

Pendant ce temps, je fis un voyage d'affaires à
Bordeaux où je fus mis au courant de l'attitude
hostile de Grévy et de Thiers, qui l'un au château
de Chenonceaux, chez sa vieille amie Mme Pe-
louze, l'autre un peu partout, faisaient au gouvernement de la Défense une guerre de salons perfide et impitoyable. Grévy était l'homme de la
paix à tout prix et surtout l'adversaire personnel
de Gambetta qui devait se venger de lui si noblement plus tard en le faisant nommer Président de
la République. Thiers a rendu depuis justice à
celui qu'il traitait alors de « fou furieux ».
Mais Grévy n'a jamais pardonné à Gambetta sa
supériorité, son patriotisme. Il l'a poursuivi jusqu'au bout de sa haine féroce et sournoise de
paysan franc-comtois. La *justice immanente*, sous
la forme des débats de l'affaire Wilson, a bien
vengé depuis le grand homme. Pour le moment,
tous les intrigants, tous les impuissants et tous
les pleutres se donnaient rendez-vous à Chenonceaux, où on vivait comme dans une île isolée du
reste de la patrie, en passant le temps à railler
ceux qui n'avaient pas hésité à prendre en mains
la cause de la France. Grévy était bien, il fut toujours l'égoïste à qui Spuller après Sedan proposait

dans la salle des conférences du Palais-Bourbon, de faire partie d'un gouvernement provisoire, et qui répondait en ricanant et en montrant le fameux tableau des Bourgeois de Calais, en chemise et la corde au cou : « Je n'ai aucun goût pour jouer ce rôle-là ! »

Cependant nous commencions à produire, mais l'argent nous faisait défaut : nos ouvriers pas plus que nos fournisseurs n'étaient payés. A la date du 26 décembre, un crédit de 600.000 francs avait été ouvert à l'établissement pyrotechnique de Cette. 200.000 francs ayant été dépensés par T..., le 1er février le gouvernement nous avisa et avisa Lisbonne, préfet de l'Hérault, que le solde de 400.000 francs devait être mis à ma disposition. J'allai avec Lauth trouver Lisbonne ; il me renvoya au receveur général, le baron Gruyer. Nous fûmes reçus par un gros gaillard à la carrure puissante et à la bouche lippue. Quand, au cours de mon récit, il apprit que nous étions Alsaciens, il se mit à fondre en larmes, et nous serrant affectueusement les mains, nous dit : « Moi aussi, je suis Alsacien, ainsi que ma femme ; ce que nous souffrons ici depuis cinq mois est inexprimable. Venez, vous dînerez avec nous. » L'accueil de ces braves gens nous enchanta, mais c'est de l'argent qu'il nous fallait. Après dîner, je présentai au baron Gruyer la lettre à moi adressée par le gouvernement. Le receveur général se récria, disant que ce n'était pas un mandat régulier, qu'il ne pouvait payer sur un simple avis, qu'il ne serait pas remboursé d'une avance faite dans ces conditions. Alors je lui proposai, notre solvabilité à Lauth et à moi étant connue, de nous verser la somme à nous personnellement. Gruyer parut très surpris. Il réfléchit un moment, alla à la caisse, et nous remit un mandat sur la Banque de France, dont nous lui donnâmes reçu. Nous étions sauvés. Nous pouvions payer les dettes de l'usine et continuer le travail.

Je ne saurais dire quelle émotion nous éprouvâmes en présence de l'acte généreux et patriotique du baron Gruyer. Nous le remerciâmes avec effusion pour nous et pour le pays. Plus tard, sous le ministère de Léon Say, j'eus l'occasion de lui témoigner ma reconnaissance. Violemment bonapartiste et très imprudent, Gruyer se fit révoquer. Il vint me trouver à Paris. En invoquant le service qu'il avait rendu à la Défense, j'obtins de Léon Say, non sans peine, son maintien. « Ne recommencez pas, au moins! », lui dis-je. Hélas! ma recommandation ne fut pas écoutée. Peu après le vieux bonapartiste présidait une bruyante réunion électorale où l'on hurla : « Vive l'Empereur ! » Le préfet et les députés de l'Hérault jetèrent feu et flamme, et mes efforts furent impuissants à le sauver une seconde fois.

Quel dommage que le brave homme ait été si intransigeant dans son bonapartisme ! C'est lui qui a laissé par testament à la ville de Bâle une somme importante pour élever le beau monument que Bartholdi a consacré au souvenir de la mission suisse envoyée à Strasbourg pendant le siège. A l'occasion de la mort de ce patriote j'ai payé un juste tribut à sa mémoire en rappelant dans le journal *l'Alsacien-Lorrain* sa généreuse conduite de janvier 1871.

L'attitude indigne de T... finit par être portée à la connaissance de Gambetta, qui le révoqua à la date du 5 février par un arrêté sévère et fortement motivé. Il essaya vainement plus tard d'obtenir sa réhabilitation en circonvenant les amis de Gambetta. Je refusai énergiquement mon appui à ce triste personnage, qui eut maille à partir avec la Commission parlementaire des Marchés. Quant à nous, le bonapartiste Durangel cita notre gestion comme un modèle. La Commission me fit rembourser pourtant la somme de 60 centimes pour un post-scriptum d'un caractère privé ajouté à une dépêche officielle.

La nouvelle de mon élection à l'Assemblée

nationale dans le département du Haut-Rhin, élection faite en mon absence et presque à mon insu, vint me surprendre au milieu de mes travaux. Je me rendis donc à Bordeaux, laissant mon beau-frère et notre compatriote Charles Meunier diriger l'usine. Hélas ! les gargousses fabriquées par nous ont servi non contre des Prussiens mais contre des Français, à Paris, pendant la Commune. Je reviendrai plus loin sur l'Assemblée de Bordeaux, mais je veux en finir ici avec l'histoire de la pyrotechnie de Cette. J'avais à régler l'éternelle question d'argent ; ma nouvelle qualité devait me servir au moins pour cela. J'allai chez Gambetta qui me félicita d'avoir été élu sur la même liste que lui, et me signa, en l'antidatant du 5 février, un décret mettant à ma disposition une forte avance sur les sommes disponibles au crédit de l'établissement de Cette. Gambetta avait déjà résigné ses fonctions : ce fut sa dernière signature officielle. Je me présentai chez M. de Roussy, directeur général des fonds, qui au dire de Spuller avait été toujours correct pendant la « Dictature ». En dépit de ma qualité de député, il me reçut fort mal et me rendit ma pièce en disant dédaigneusement : « La signature de M. Gambetta ne compte plus ! » Maurice Lévy m'engagea alors à aller trouver le successeur de Cazot au secrétariat général de l'Intérieur, un fonctionnaire conservateur nommé Durangel, amené par Jules Simon, qui se montra au contraire plein d'obligeance. Lorsque je lui eus dit que mes rapports anciens avec son chef manquaient de cordialité, il se chargea d'obtenir la signature de Simon. Grâce à lui mon affaire fut réglée.

Mais cet argent était déjà dépensé. Nous avions besoin de nouveaux crédits et j'écrivis une lettre officielle au gouvernement pour demander un budget régulier. Les préliminaires de paix ayant été signés à ce moment, je donnai ma démission de député avec Gambetta et tous mes collègues d'Alsace-Lorraine. Ecœuré par de perpétuelles difficultés d'argent, je résignai mes fonctions à l'Etablissement pyrotechnique, ainsi que mon beau-frère Lauth; celui-ci, en proie à un accès de colère chronique depuis la signature de l'armistice, m'avait décidé à prendre cette détermination.

Le gouvernement voulut bien « accepter avec le plus grand regret » notre démission. Il fit appel à notre patriotisme pour liquider l'établissement, en mettant à cet effet à notre disposition des crédits nouveaux. La lettre, rédigée par Durangel, nous prodiguait les éloges les plus flatteurs.

Au cours de la liquidation, des événements graves se produisirent à Cette. La Commune venait d'être proclamée à Paris, et les Cettois ne voulant se laisser devancer par personne, le Conseil municipal résolut de proclamer, lui aussi, la Commune. Je jouais au billard à l'hôtel du Grand-Galion, quand, un soir, le maire Tresfond vint m'apporter la nouvelle, en me priant de l'accompagner à l'Hôtel de Ville. Il m'introduisit dans une salle sombre et fumeuse, éclairée par une seule lampe, où les conseillers discutaient avec une vivacité toute méridionale. Ma qualité de député d'Alsace démissionnaire faisait de moi une sorte de personnage pour ces braves gens ; ils connaissaient d'ailleurs mon passé républicain. Je pris la parole et les dissuadai de persévérer dans leurs desseins. Seuls, trois forcenés protestèrent, disant que Cette se devait d'imiter Paris. J'eus alors une idée machiavélique : j'engageai le Conseil à envoyer ces trois citoyens si échauffés à Bordeaux, à Montpellier et à Béziers pour se renseigner, aux frais de la ville naturellement. A leur retour, on délibérerait en connaissance de cause. Mon avis fut unanimement adopté. Les trois émissaires ne revinrent qu'au bout de plusieurs jours ; l'opinion était calmée et on ne pensa plus à imiter les Parisiens.

Je croirais manquer à mon devoir en ne rendant pas hommage à l'homme dévoué, modeste et sage qui avait rendu tant de services à l'Etablissement pyrotechnique de Cette, ainsi qu'à la ville dont il était maire. Alfred Tresfond exploitait avant 1851 un petit cabinet d'affaires. Proscrit au 2 Décembre, après avoir résidé six ans en Suisse (c'est là qu'il avait connu Ferdinand Flocon), il trouva en revenant d'exil, après l'amnistie, sa clientèle dispersée et vécut dans la gêne, sans abandonner jamais les principes républicains. Probe, désintéressé, il appartenait à une école que j'ai la fierté d'appeler « notre école ». En 1876, je pus le faire nommer commissaire de police à La Mûre, dans l'Isère, et il sut s'y faire estimer à ce point que lorsque son administration lui offrit de l'avancement, la municipalité de La Mûre vota une somme équivalente à l'augmentation de ses appointements pour le conserver. Plus tard, il exerça les mêmes fonctions à Armentières, et lorsqu'il eut atteint la limite d'âge, j'eus grand'peine à obtenir pour lui une pauvre recette buraliste. Jamais il ne voulut demander de secours sur les fonds destinés aux victimes du 2 Décembre.

Voilà un homme qui a traversé la vie sans défaillances, qui s'est sacrifié à la République, qui a

administré sa commune dans les moments les
plus difficiles et a su la préserver de troubles graves. La République s'est crue quitte envers lui
avec une recette buraliste !

Mais j'avais oublié de parler du premier incident de ma vie politique. Pendant que je surveil-
lais le chargement de mes gargousses, je reçus
une dépêche de Spuller, datée de Bordeaux
30 janvier, dans laquelle il m'offrait au nom de
Gambetta la préfecture du Rhône que Challemel-
Lacour, malade, était obligé d'abandonner. Spuller faisait appel à mon dévouement et invoquait
mes mérites en termes trop flatteurs à mon gré.
Il ne me convenait pas d'être fonctionnaire : je
répondis sans hésiter par un refus en exprimant
à Gambetta toute ma gratitude. Le 1ᵉʳ février,
Spuller revint néanmoins à la charge, et m'envoya
copie d'un télégramme de Challemel, qui ap-
prouvait chaleureusement ma candidature, et demandait qu'on me forçât la main. Je répondis
que la capitulation de Paris semblant devoir cou-
per court à toute résistance, je ne me sentais pas
capable de faire violence à mes sentiments, et
d'accepter un poste qui ne pouvait plus être un
poste de combat. On ne me tenait pas quitte. Le
4 février, je recevais la visite de trois délégués
de la municipalité de Lyon, Hénon, Vallier et

Barodet, qui ont été depuis mes collègues à l'Assemblée nationale ou au Sénat. Ils insistèrent à leur tour avec une telle ardeur que je leur demandai deux heures de réflexion. Pendant ce délai, je fus sauvé par un télégramme de Gambetta qui m'annonçait l'acceptation d'Edmond Valentin. Gambetta terminait sa dépêche en disant : « Je crois que cette nouvelle vous fera plaisir ». Si elle me faisait plaisir ! Je me précipitai à la recherche des trois anabaptistes lyonnais et brandis sous leurs yeux le télégramme libérateur. Le plus curieux, c'est qu'ils crurent tout d'abord que j'acceptais et qu'ils me serrèrent dans leurs bras à m'étouffer. Je ne leur en voulus pas.

Je crois bien pourtant que sans la dépêche de Gambetta j'aurais fini par céder. C'est moi qui aurais reçu une balle dans la jambe au lieu de Valentin. J'ai souvent répété à mon ami Valentin qu'il avait été ma providence. Il me répondait en riant : « C'est vous qui avez été la mienne ! »

J'étais donc libre. Mais, on sait déjà que, quelques jours plus tard, mon élection à l'Assemblée nationale m'appela à Bordeaux.

XIII

MON ÉLECTION DANS LE HAUT-RHIN (8 février 1871).
— DÉMISSION DES ALSACIENS-LORRAINS. — L'AS-
SEMBLÉE NATIONALE A BORDEAUX. — GAMBETTA
ET JULES SIMON. — DELESCLUZE ET THIERS.

Je fus élu dans le Haut-Rhin, malgré mon absence et sans avoir posé ma candidature, sur la
même liste que Gambetta et que Denfert, l'héroïque défenseur de Belfort, qui tenait toujours.
Les républicains avaient fait aux cléricaux la
concession de porter Keller. Néanmoins, ceux-ci
présentèrent une liste à eux qui ne réunit, en dehors de Keller, que 3.000 voix, si je ne me trompe,
contre 50 à 60.000. On mit en avant quelques autres
listes, sous prétexte de conciliation, et M. Fritz
Hartmann, de Münster, quoique porté sur la
nôtre qu'il s'était engagé à faire voter telle quelle,
en fit imprimer une à Colmar, en remplaçant
quatre noms, manœuvre qui causa l'échec d un

de nos candidats et faillit nous faire échouer, Alfred Kœchlin-Steinbach et moi.

Je ne m'étendrai pas sur l'attitude des députés alsaciens-lorrains à l'Assemblée de Bordeaux, ayant écrit leur histoire en détail dans la *Revue Alsacienne* de Seinguerlet, en 1887. On sait comment ils déposèrent sur le bureau de l'Assemblée, le 18 février, avant la négociation de la paix, une déclaration dont la lecture fut confiée à Keller malgré mon opposition, déclaration qui affirmait de la manière la plus formelle, au nom des provinces d'ores et déjà sacrifiées, leur volonté et leur droit de rester françaises. Jules Grosjean porta à la tribune, le 1ᵉʳ mars, notre protestation suprême. Il ne nous restait plus qu'à nous retirer. Cette démission collective, imposée par notre conscience et notre sentiment du devoir, coûta cher à la France. L'absence des voix républicaines des représentants des pays annexés permit le renversement de M. Thiers au 24 mai 1873 et laissa le champ libre à toutes les conspirations monarchiques qui, pendant cinq ans, compromirent le repos et le relèvement du pays.

Je me contenterai de noter ici, au hasard de ma mémoire, mes souvenirs personnels sur les événements auxquels je me suis trouvé mêlé et sur les hommes que j'ai fréquentés au cours de ce terrible mois de février 1871, dans ce séjour de quelques semaines à l'Assemblée, qui a laissé dans mon cœur une impression douloureuse et humiliée.

Lorsque le gouvernement de Paris fut acculé à un armistice, il n'était pas très rassuré sur les dispositions de Gambetta. Il décida d'envoyer à Bordeaux Jules Simon, avec des instructions relatives aux élections, en lui remettant un décret qui l'investissait des fonctions de ministre de l'Intérieur, pour le cas où Gambetta résisterait. Jules Simon fut mal accueilli par le « Dictateur », comme il pouvait s'y attendre. Il n'osa pourtant pas parler du décret qu'il avait en poche. Il se contenta de se mettre en rapports directs avec les préfets, qui ne comprirent rien à cette intervention passant par-dessus la tête de Gambetta : c'était le gâchis gouvernemental le plus complet. Pendant trois jours, Gambetta garda une attitude expectante qui surprit ses amis. Il attendait, avant de quitter le pouvoir, de connaître la situation des armées. Sans l'entrée en Suisse des troupes de Bourbaki, il eut probablement continué la guerre, d'accord avec Chanzy, Faidherbe et nos meilleurs généraux.

De cette époque date l'animosité qui régna jusqu'à la fin entre Gambetta et Jules Simon. Celui-ci, ne se sentant pas de taille à se venger du dictateur, démissionnaire dès qu'il vit la guerre désormais impossible, voulut se venger au moins sur ses amis. Il prétendit révoquer Ranc, directeur de la Sûreté générale, et Allain-Targé, préfet de la Gironde, quoique ceux-ci eussent déjà résigné leurs fonctions entre les mains de Gambetta. Il fallut que l'amiral Fourichon s'élevât en plein Conseil contre cette mesure odieuse et basse. « Ce que vous proposez, monsieur Simon, dit-il, c'est d'imposer une flétrissure à des hommes qui ont servi avec zèle et loyauté le Gouvernement de la Défense nationale, dont vous avez fait partie comme nous. C'est de la jeanfoutrerie. » Devant cette vigoureuse sortie du vieux marin, Simon s'effondra dans son fauteuil avec sa toux de faux phtisique et renonça à son projet.

Jules Simon, à qui l'absence de caractère a fait commettre tant de fautes, en dépit de son merveilleux talent et de ses qualités intellectuelles de premier ordre, a laissé à ceux qui l'ont connu certains souvenirs d'un comique achevé. Nul ne le connaissait mieux que Thiers, et le Président se complaisait à le mettre en scène. Thiers lui avait offert un portefeuille dans son premier ministère, mais comme il tenait surtout au concours de M. de Larcy et que celui-ci ne voulait pas entendre parler du « libre penseur » Simon, le Président déclara à ce dernier qu'entre son vieil ami Larcy et lui, il ne pouvait hésiter. « Si la politique me force à faire un sacrifice, lui dit-il de sa petite voix flûtée, ce n'est pas Larcy que je sacrifierai. » Simon se fit fort de surmonter les répugnances du député légitimiste du Gard.

Il savait que celui-ci se promenait tous les soirs aux Quinconces. Il s'y rendit et, voyant arriver de loin de Larcy, marchant suivant son habitude non pas même courbé, mais cassé à angle droit il tira une lettre de sa poche et feignit de la lire si attentivement qu'il alla heurter le vieux monarchiste. Il leva alors les yeux, s'excusant de ne pas l'avoir vu et salué. « Je lisais, dit-il, une lettre touchante d'une de mes parentes, qui se trouve dans un couvent d'Orient, et elle est si édifiante, que j'en suis tout ému. Au fond, elle a bien raison, cette noble femme, d'exalter comme elle fait notre belle religion...» De Larcy courut chez M. Thiers et lui dit en racontant cette édifiante histoire : « Maintenant, je n'entrerai dans votre combinaison que si Jules Simon en est. »

M. Thiers racontait souvent cette anecdote, toujours avec une joie nouvelle. On ne savait ce qu'il admirait le plus, de la rouerie de l'un ou de la naïveté de l'autre.

Il n'aurait tenu qu'à Gambetta de conserver le pouvoir. A Bordeaux, son influence sur la garde nationale était toujours prépondérante. En outre, des officiers de la légion d'Alsace-Lorraine vinrent mettre à sa disposition dix mille baïonnettes pour dissoudre l'Assemblée, la reconstituer à Lyon avec ses seuls éléments républicains et patriotes et continuer la guerre avec le concours des généraux disposés à lutter encore. Gambetta, quoique descendu du pouvoir, tenait donc toujours Bordeaux dans sa main. Quand il sortait, une foule de soldats, d'hommes, de femmes et d'enfants l'acclamait avec frénésie. Il n'avait qu'à faire un geste pour disperser la majorité de l'Assemblée et le gouvernement nouveau. Son patriotisme résista à ces séductions auxquelles eussent succombé un Bonaparte ou un Boulanger.

Ces manifestations populaires causèrent de vives inquiétudes à l'entourage de M. Thiers. On *conseilla* à Gambetta de s'éloigner. Le « Dictateur » ne voulut pas créer de difficultés aux hommes qui avaient ramassé le pouvoir tombé de ses mains. Il alla à Saint-Sébastien prendre quelques jours de repos bien gagné. Ceux qui lui avaient suggéré l'idée de cette retraite temporaire, dont il leur fit comme l'aumône et qui en avaient tiré profit, furent les premiers à la lui reprocher plus tard comme une fuite. Admirable bonne foi des conservateurs !

Les premières séances de l'Assemblée au théâtre de Bordeaux offrirent le plus curieux spectacle. Sauf quelques vieux républicains, anciens compagnons de proscription, et le petit groupe des opposants à l'empire, personne ne se connaissait. Les élections avaient mis en avant un personnel nouveau, provincial, réactionnaire, des hobereaux, des hommes d'affaires des congrégations, aux costumes démodés, aux idées plus démodées encore, pour la plupart étrangers depuis vingt ans à la politique, et complètement inexpérimentés : on eût dit une exhumation de fossiles. Je vois encore le vicomte de Meaux, gendre de Montalembert, siégeant au bureau comme secrétaire, en pantalon jaune, en gilet gris, en veston brun trop étroit, se frottant obstinément le nez, un type d'étudiant de Murger. L'aspect de la salle était d'une originalité rare. Victor Hugo ne quittait pas son képi de garde national. Le « colonel » Langlois, celui qui devait si bien lâcher Gambetta en janvier 1882, nous arriva avec le bras en écharpe. Le fougueux orateur oublia un jour sa blessure, d'ailleurs guérie, et se mit à gesticuler comme un possédé avec son bras malade. Beaucoup de militaires :

Chanzy, jeune, mince et élégant ; d'Aurelles de Paladines, le vainqueur un peu malgré lui de Coulmiers, avec sa moustache blanche ; le général Loysel, long et agité ; Ducrot, avec sa face congestionnée, son cou de taureau et sa démarche d'hippopotame ; le brave Cazenove de Pradines, en zouave pontifical, le bras mutilé ; l'immense Hervé de Saisy, tout flambant neuf dans une tunique modeste ; Turquet, Voisin et une foule d'autres en gardes nationaux. Je ne parle pas de Leroyer, avec des cheveux, — oui avec des cheveux ; — de Victor Schœlcher, en longue redingote de clergyman et en pantalons à la houssarde ; de Victor Lefranc, en cravate blanche d'avoué de province, et de tant d'autres d'apparence plus ou moins bizarre. Ces étrangetés de la première heure disparurent peu à peu, au grand profit des tailleurs de Bordeaux. Schœlcher, presque seul, resta immuable.

La mort de Küss, le dernier maire de Strasbourg, terrassé à Bordeaux par les fatigues du siège et la douleur de voir sa patrie sacrifiée, provoqua un incident qui indique bien l'état d'esprit des représentants d'Alsace-Lorraine. Nous prétendîmes épargner au cadavre de notre collègue vénéré le contact des hommes de la paix à tout prix et lui rendre seuls les derniers honneurs. Grévy se plaignit le lendemain à l'Assemblée de n'avoir pas été prévenu à temps pour assister à la cérémonie, où Gambetta avait prononcé sur le cercueil de l'héroïque vieillard une allocution digne de Küss et de lui.

L'Assemblée était composée en majorité d'orléanistes et de légitimistes, partisans de la paix quand même, qui avaient pour la plupart consacré tout le temps de la guerre à des tournées électorales. Le 13 février, quand Garibaldi vint en chemise rouge résigner le mandat de député que lui avaient confié plusieurs départements, la droite accueillit par des huées et des risées cet étranger assez simple pour avoir mis son épée au service de la France. Lorsque Barthélemy-Saint-Hilaire, lisant le texte du traité de paix, annonça la cession par la France à l'Allemagne de la Lorraine presque tout entière et de l'Alsace sauf Belfort, l'Assemblée ne dit mot. Mais lorsqu'il passa à l'article 2 : « La France payera à S. M. l'Empereur d'Allemagne la somme de cinq milliards de francs », un frémissement douloureux et significatif se fit entendre sur les bancs de la majorité. A défaut des cœurs les porte-monnaie étaient touchés.

Quelques jours avant je dînais avec Clemenceau au restaurant du « Chapon fin ». A côté de nous se trouvaient quatre ou cinq députés réactionnaires, parmi lesquels V... dont nous avons pu apprécier à Versailles le caractère âpre et déplaisant. Ce gros homme parlait de la patrie avec l'élévation d'esprit d'un agent d'affaires de village. « Il faut en finir, disait-il la serviette au cou, il faut en finir au plus tôt, n'importe comment. Il faut se résigner à un sacrifice de territoire. J'espère que dans quelques jours ce sacrifice sera consommé, et que nous pourrons vivre tranquilles. » Au bout d'un instant il reprit : « La Prusse nous demandera-t-elle beaucoup d'argent? On parle de trois milliards. Ce serait infâme, il faudrait s'adresser à l'Europe. » Pour de l'argent on s'adresserait à l'Europe, mais pour deux simples provinces!... V. personnifiait bien ce jour-là ses collègues de la droite. Clemenceau et moi nous nous levâmes à la hâte et nous sortîmes, impuissants à dissimuler notre dégoût.

La gauche forma deux groupes, l'un modéré, la gauche républicaine ; l'autre plus avancé, la gauche radicale ou extrême dont je fis partie, seul des représentants de l'Alsace, et qui vota à l'unanimité contre la mutilation de la France.

L'extrême-gauche se réunissait tous les soirs. Je ne crois pas manquer au respect que l'on

doit à nos gloires en disant que nous y fûmes les
pitoyables victimes de Louis Blanc et de Victor
Hugo. Le président du groupe, conformément à
la pure doctrine, était nommé chaque jour. Chaque jour nous assistâmes à une lutte homérique
pour sa désignation : elle durait une heure environ. Victor Hugo et Louis Blanc parlaient à
tour de rôle, sérieux comme des augures, posant
l'un devant l'autre et tous deux à la fois devant
nous, se couronnant mutuellement de fleurs et
de lauriers. Hugo ne pouvait se consoler d'avoir
vu Louis Blanc lui passer par-dessus la tête dans
les élections de Paris, mais il donnait à son dépit la forme d'un compliment adressé à son heureux compétiteur, compliment qui chaque jour
se renouvelait et nous horripilait davantage.
Tous les soirs nous assistions à un éternel col-
loque, ampoulé, prétentieux chez l'un, haché
d'antithèses chez l'autre ; tous les soirs, lutte
courtoise entre les deux candidats à la présidence ; tous les soirs, après avoir entendu Victor
Hugo dire à Louis Blanc en lui désignant le fauteuil : « Quand on a l'honneur insigne d'être le
premier élu de Paris... » et Louis Blanc de répondre : « Quand on s'appelle Victor Hugo... », on
voyait les « deux premiers élus de Paris » s'asseoir conjointement à la table de la présidence.

21.

La conversation continuait entre les deux présidents, comme s'ils occupaient chacun une tribune.
Je frémis encore en pensant à mes pauvres
nerfs. Et il ne fallait pas songer à partir, sous le
regard fulminant de nos deux illustres collègues.
Les malins se tenaient au fond de la salle, dans
la demi-obscurité, près de la porte, et pouvaient
seuls s'esquiver. Les autres devaient subir quelques heures d'un duel oratoire peu récréatif.
Une fois pourtant nous eûmes une séance
superbe. Notre collègue Jean Brunet, appartenant à la classe toujours dangereuse des demi-
fous, depuis réactionnaire et inventeur du gâteau
de Savoie qui déshonore la butte Montmartre,
eut l'imprudence, dans sa naïveté d'ancien poly-
technicien de critiquer timidement une proposition de Victor Hugo. Le poète bondit. « Qui êtes-
vous donc, s'écria-t-il, vous qui osez porter des
jugements sur un ancien serviteur de la République ? » Et Victor Hugo une fois lancé commença copieusement son panégyrique, racontant
sa vie, ses luttes, son exil, ses douleurs avec une
envolée d'éloquence admirable. Remontant le
cours des années, il arriva jusqu'à sa naissance,
et s'animant par degrés : « Moi aussi, dit-il, je
suis un annexé, je suis lorrain ». Sur ce mot, il
se mit à parler comme un convulsionnaire ; il

descendit au milieu de la salle, et continua son
allocution cramponné à une colonne de fonte. De
ma vie je n'ai ressenti d'émotion pareille ni
assisté à un spectacle plus passionnant. Hugo
nous submergeait sous de véritables flots d'éloquence, de poésie, de colère, de regrets et d'espoir. C'était merveilleux. Il planait comme emporté pas une flamme divine, étreignant la
colonne de son bras puissant. Il s'enivrait de sa
parole vibrante. La crise se termina par un flot
de larmes. Tout en applaudissant le grand
artiste nous pleurions aussi. « Quel admirable
comédien ! » me souffla à l'oreille mon voisin,
les yeux humides. Pour moi qui ai depuis beaucoup connu Victor Hugo et ai été son ami, j'ai
la conviction qu'il était sincère et s'identifiait
avec son rôle. Un dieu s'agitait dans sa poitrine
et le faisait parler.

L'Assemblée et le monde qui bo rdonnait autour d'elle constituaient une véritable tour de
Babel. Le siège avait séparé pendant cinq mois
Paris du reste de la France. Il s'était formé une
coupure entre le pays et la capitale. Paris croyait
avoir tout fait et méconnaissait les admirables
efforts de la Province, qui de son côté n'était
peut-être pas juste envers la capitale. Pour les
Parisiens, Paris avait conservé, de par son hé-

roïsme, le droit de stipuler au nom de la nation.
Pour la Province, Paris avait abusé de sa situation
pour capituler au nom du pays tout entier, sans
se renseigner sur la situation de nos armées. Ce
malentendu et cette prévention réciproque furent
le principal facteur du mouvement communaliste.

La convocation de l'Assemblée avait amené à
Bordeaux un grand nombre de journalistes parisiens, venus pour exercer leur profession et suivre
les événements. Dans le petit café où nous nous
réunissions le soir, Clemenceau, mes autres amis
et moi, les députés opposants de l'Empire coudoyaient les anciens proscrits et les futurs membres de la Commune. La présence de Blanqui en
écartait Delescluze, mais on y rencontrait le bon
Massol, Martin Bernard, mon beau-frère Charles
Floquet, l'excellent Benoît Malon, socialiste scien
tifique et doux; Pierre Denis, le poète à bottes à
revers, espoir futur de la Boulange ; Isambert et
le sinistre farceur Raoul Rigault, alors plus farceur que sinistre. Bientôt la plupart de ces visiteurs rentrèrent à Paris, attirés par les préludes
de l'agitation qui devait aboutir à la Commune.
Raoul Rigault écrivit à ses amis restés à Bordeaux
des lettres fort plaisantes, très dépourvues de
bienveillance pour ses compagnons d'aventure.

dans l'une d'elles, qui me frappa, il disait : « Paris ne veut que la République. Donnez-la-lui et il laissera les *Bordelais* tranquilles. »

Mais l'Assemblée se souciait peu des conseils de Raoul Rigault. Les « ruraux » en voulaient surtout à cette République coupable d'avoir cinq mois durant troublé leur quiétude en défendant les armes à la main l'honneur de la France. Leur attitude plus stupide encore que criminelle sur-excitait les passions, prolongeait l'effet de la fièvre obsidionale, et provoquait l'établissement de la Commune. Il sera difficile dans l'avenir de se rendre compte de l'effet que produisit sur un grand nombre de républicains le commencement de l'insurrection parisienne, tellement les suites de ce mouvement en ont dénaturé et souillé le caractère. Au début je n'ai pu me défendre de souhaiter son succès. Le jour seulement où je vis Paschal Grousset se poser en ministre des relations extérieures, je compris que j'avais à faire à des fous. Le crime de la guerre civile déclarée en présence de l'ennemi m'apparut, et je commençai à me demander comment des hommes auxquels j'avais voué de vieille date mon estime pouvaient s'en faire les complices.

Au début, d'honnêtes gens ont cru pouvoir participer au mouvement, comme Ranc, que pour-

suivit la haine implacable des Versaillais, et le
pacifique Méline, le grand douanier de l'avenir.
Ranc et Méline n'ont fait que traverser la Commune, mais d'autres, non moins honnêtes, comme
Delescluze, sont allés jusqu'au bout. N'est-il pas
curieux d'examiner comment un homme d'une
pareille valeur morale a pu s'associer aux actes
les plus coupables du gouvernement insurrec-
tionnel ? Quelles raisons ont pu l'entraîner dans
cette tragique échauffourée ?

La mémoire de cet homme de cœur m'est chère.
J'avais pour lui non seulement de l'amitié, mais
un profond respect, quoique je ne sois pas respectueux de nature et que je n'accorde pas facilement mon amitié. J'ai la conviction que Delescluze était malade. Sa maladie a commencé
pendant le siège et s'est aggravée à Bordeaux,
pour se terminer par une mort volontaire. De ce
mal peu d'hommes sont morts, car, pour y
succomber, il faut avoir subi des souffrances
inconnues au vulgaire. J'ai fait sa connaissance
après son retour de Cayenne. Nos rapports se
sont resserrés quand il fonda *le Réveil*, avec Ranc,
Charles Quentin et Sourd. A cette époque, les
journaux républicains étaient rares, surtout à
Paris. Il fallait les chercher en province, où
luttaient avec autant d'éclat que de courage

le Phare de la Loire, la Gironde et *le Progrès de Lyon*.

Le Réveil attaqua l'Empire avec résolution, sous la direction d'un homme qui ne savait ni reculer, ni même hésiter. Delescluze était petit, avec un nez aquilin retombant sur une moustache rousse peu fournie. Ses yeux enfoncés étaient pénétrants, son regard froid, parfois sarcastique. On lui pardonnait une certaine hauteur, parce qu'elle était sans orgueil, et on ne lui reprochait pas sa sévérité, parce qu'il l'exerçait contre lui-même. D'un commerce sûr et agréable avec ses rares amis, il devenait féroce avec les gens qu'il n'estimait pas. Le rédacteur en chef d'un tapageur journal républicain voisin du *Réveil* l'apprit un soir à ses dépens. Sa bonté était exquise, et je n'oublierai jamais la lettre touchante qu'il m'adressa à l'occasion de la mort de Charras. En janvier 1869, se trouvant en prison et malade, il m'écrivait : « Je vous suis bien reconnaissant de la sympathie que vous voulez bien m'exprimer... Merci encore et surtout d'avoir pensé à ma vieille mère, que ses quatre-vingt-douze ans ne protègent pas assez contre le coup qui la frappe. » Fils et frère modèle, Delescluze renonça au mariage et aux joies de la famille pour consacrer entièrement sa vie à cette vieille mère et à sa sœur. Avec cela, d'une admirable tolérance. Avant la guerre, quand sa mère mourut, il la fit ensevelir religieusement, connaissant ses convictions, sans qu'elle eût eu besoin de manifester sa volonté. J'ai assisté à la cérémonie. Delescluze suivit le convoi jusqu'à la porte de Saint-Germain-des-Prés. Nous restâmes sous le péristyle pendant le service, et Delescluze nous dit : « Ma mère ne m'a rien demandé, mais elle était croyante. J'accomplis mon devoir envers elle, mais je sais aussi qu'elle ne voudrait pas me voir à l'église, à côté de son cercueil. Elle aurait trouvé le sacrifice trop grand pour moi et inutile pour elle, car elle était aussi intelligente que bonne. » Delescluze, élu député de Paris, partit pour Bordeaux dans un misérable état physique et moral. Il se montrait fantasque, peu abordable et vint rarement à l'Assemblée, toujours en gants noirs, imitant en cela son irréconciliable ennemi Blanqui, qui se gantait pour présider son club en 1848. J'allai le voir au moment où il partait pour Paris et ne retrouvai plus mon vieil ami. A peine me serra-t-il la main. Il était épuisé et souffrait du scorbut. « Je suis malade, très malade, me dit-il, quand je pris congé de lui. Vous voyez bien que je ne suis plus le même homme. Pardonnez-moi de vous avoir brusqué. » Nous nous embrassâmes. Je ne devais plus le revoir.

A Paris, Delescluze entra à la Commune, se tenant à l'écart de ses collègues. Vingt fois pendant la lutte, il a répété en parlant d'eux : « Je méprise ces hommes ; ils sont à la remorque de Blanqui. Lorsque j'ai vu que ce vieux renard partait pour Paris, je l'ai suivi pour le surveiller et contrecarrer ses projets. » Aussi Joffrin a-t-il dit avec raison : « Delescluze est mort chez nous, mais il n'était pas avec nous. » Du reste, quand on a ouvert une souscription pour élever un monument sur sa tombe, les « communards » n'ont pas voulu y participer. Ils se rappelaient qu'au moment où Delescluze, décidé à en finir avec la vie, s'était présenté sur le front des troupes et qu'il vit certains de ses collègues disposés à le suivre, il leur cria : « Non, non, pas avec moi, je veux mourir seul. Je ne vous connais plus, ou plutôt je vous connais trop. »

Ainsi mourut ce citoyen intègre, à la suite d'un véritable accès de folie qui ne saurait, sans injustice, lui enlever l'estime des républicains.

Dans le petit café dont j'ai déjà parlé, j'ai fait la connaissance de Millière, tué depuis, pour ne pas dire assassiné, sous la Commune, un homme maigre, décharné, anguleux, au physique peu engageant, mais fort honnête, et celle de Benoît

Malon, dont j'ai déjà parlé je crois, socialiste pacifique, partisan du progrès par les voies légales. C'est Malon qui me mit en relation avec Tirard, le jour où celui-ci partait pour Paris. Nous allâmes le voir à son hôtel, où il faisait sa malle en manches de chemise. Je l'avais déjà remarqué à l'Assemblée. Il m'avait fait l'effet, avec sa taille élancée et ses longs cheveux bouclés, d'un pasteur suisse. Plus tard, quand nous devînmes amis, il m'apprit qu'il n'était pas protestant, mais qu'il avait été élevé à Genève. « Vous partez pour Paris? » lui dit Malon. « Oui, Thiers m'a prié de m'y rendre pour empêcher mes collègues, les maires de Paris, de faire des bêtises. Thiers a dit qu'il faut prévenir un grand danger menaçant la République... Il a dit la République. » Malon ni moi ne croyions guère alors à la sollicitude de Thiers pour la démocratie.

Pourtant, Thiers, qu'il eût promis ou non son concours aux monarchistes de Bordeaux, a fait la République. Les nécessités imposées à son gouvernement par la répression de l'insurrection communaliste l'ont converti. Il a compris qu'il n'arriverait à limiter ce mouvement à Paris qu'en prenant résolument le parti de le combattre au nom de la République. C'est ainsi que les fédérés, par leur criminelle folie, ont indirectement contribué à la fondation de la République, en imposant la reconnaissance de leur principe au gouvernement qui les écrasait. Mon vieil ami Guérin, membre du comité républicain de son arrondissement, devenu à la suite des élections de 1869 le familier de la place Saint-Georges, m'a raconté qu'il avait souvent répété à Thiers, en 1869 et 1870 : « Vous serez président de la République ! » A quoi Thiers répondait : « Mon cher Guérin, que Dieu ne vous entende pas ! » C'était sa formule quand il péchait par défaut de sincérité. Et Guérin de répliquer : « Vous serez notre Washington. Votre bon Dieu ne vous écoutera pas. »

En tous cas, engagé ou non avec la droite, Thiers était dès le premier jour décidé à établir la République, au moins de nom. J'ai été témoin des efforts qu'il fit, avec Barthélemy-Saint-Hilaire et Léon de Maleville, pour obtenir de l'Assemblée qu'elle ajoutât les mots : « de la République française » au titre de : « Chef du pouvoir exécutif ».

Les bureaux étaient installés autour du foyer du théâtre. Au milieu se trouvait un espace vide qui servait de vestibule d'accès. C'est dans ce terrain neutre que manœuvraient, le 25 février, les deux lieutenants de Thiers ; ils amenaient à

leur chef les récalcitrants, que le malin vieillard
chambrait l'un après l'autre. Il arracha ainsi aux
préventions de la droite le titre convoité. Pendant les deux années qui suivirent, la conduite
de Thiers fut d'une habileté extraordinaire. For-
tifié par les élections partielles, toutes républicaines, il commença la campagne contre les meneurs royalistes et, jusqu'au 24 mai, il sut tenir
en bride la droite, qui l'exécrait, mais qui n'osait
pas se rebiffer. Au 24 mai seulement, le domp-
teur fut dévoré par ses fauves, ou plus exactement par ses bêtes. Encore la droite ne serait-
elle pas arrivée à ses fins si, deux mois avant,
Jules Grévy n'avait, à la suite d'un caprice, dé-
serté la présidence de l'Assemblée.

Un soir, dans notre petit café, on parlait de la
« revanche », dont personne ne doutait et que nous
croyions tous, ou presque tous, plus prochaine.
Clemenceau me dit : « Es-tu sûr de la fidélité des
Alsaciens ? Pendant combien de temps nous
feront-ils crédit ? » — « Soyez sans inquiétude,
répondis-je à mes amis. L'Alsace vous laissera le
temps nécessaire. Seulement il faut qu'il lui soit
bien démontré que la France ne l'oublie pas. »
Cinq ans de patience semblaient alors le maxi-
mum qu'on pût demander à nos frères annexés,
et ce délai paraissait bien long à beaucoup d'entre

nous. Pour moi, instruit par l'expérience de la guerre, je reportais à quinze ans l'échéance suprême. Hélas! vingt-quatre ans se sont écoulés au moment où j'écris ces lignes, et l'Alsace attend toujours, toujours fidèle. La France l'est-elle autant? Depuis un quart de siècle, elle trouve dans son patriotisme le moyen de supporter des charges écrasantes et de concilier l'existence d'une armée permanente formidable avec les aspirations d'une démocratie républicaine. Une nation capable d'un si long effort mérite une récompense de la destinée.

Après le vote des préliminaires de paix et notre démission collective, je n'avais plus rien à faire à Bordeaux. Mes amis m'accompagnèrent à la gare en me prodiguant les marques de leur affectueuse sympathie et je partis, comme je l'ai dit au chapitre précédent, pour aller liquider l'établissement pyrotechnique de Cette.

XIV

MON RETOUR EN ALSACE. — JE SUIS ÉLU DÉPUTÉ DE
PARIS (2 juillet 1871). — GRÉVY ET GAMBETTA.
— ACTION DE GAMBETTA A L'ASSEMBLÉE. —
« L'UNION RÉPUBLICAINE. » — THIERS SE RAP-
PROCHE DE LA GAUCHE. — LES PRINCES D'ORLÉANS
A VERSAILLES (décembre 1871).

A la fin de mars, je rentrai à Thann, au milieu
des miens, après une absence de quatre mois.
Triste retour dans un pays définitivement occupé
par les Allemands, qui foulaient de leurs grosses
bottes cette terre où j'étais né, où reposaient
mes aïeux. Qui n'a pas subi cette humiliation,
ce déchirement, ne connaît pas la douleur.

La situation était grave. Les Alsaciens, restés
français de cœur et résolus à ne pas accepter le
fait accompli, se trouvaient en face des vainqueurs, naturellement décidés à aller jusqu'au
bout de leur victoire...

(Nous croyons devoir interrompre ici le récit de Scheurer-Kestner, quel que soit son intérêt, à cause même de son intérêt. Il est impossible, pour le moment, de parler de l'organisation de la protestation, de la *Ligue d'Alsace*, de la lettre fameuse adressée par 797 prêtres alsaciens à l'empereur d'Allemagne, etc. Nous reprenons le récit de Scheurer-Kestner à la veille des élections qui le firent revenir à l'Assemblée nationale, comme député de Paris.)

... Pendant ce temps, des élections partielles se préparaient, les premières depuis le vote du 8 février. Paris, notamment, avait à remplacer une vingtaine de députés démissionnaires, soit à Bordeaux, soit à la suite de la Commune. J'appris qu'un certain nombre de républicains, voulant faire élire un Alsacien par la ville de Paris, avaient pensé à moi. J'aurais désiré m'effacer devant mon beau-frère Victor Chauffour, mais on estima que mon nom, mieux que le sien, représentait la protestation sous sa forme la plus intransigeante. « Voter pour vous, me disait-on, ce sera voter pour la *Ligue d'Alsace*.» Je fus élu le 2 juillet, par 107.000 voix, le treizième sur vingt et un. Les républicains radicaux n'obtinrent que cinq sièges, les conservateurs quatorze. Mais en province, cette élection fut un triomphe pour la République. Jules Cazot, l'ancien secrétaire général de Gambetta sous la Défense nationale, passa dans le Gard, et beaucoup de nos amis entrèrent avec lui à l'Assemblée. La France se ressaisissait, après sa défaillance passagère du 8 février. Ces élections fortifièrent Thiers et lui donnèrent le moyen de résister aux conspirations monarchiques, en s'appuyant sur la volonté nettement exprimée par le pays. Mon succès eut un grand retentissement en Alsace, je puis le dire sans fausse modestie, car c'était pour l'Alsace, pour la *Ligue*, plutôt que pour moi, que les électeurs avaient voté.

J'étais pour ma part fort troublé. Je me lançais dans l'inconnu en compromettant mon avenir industriel et, ce qui me tenait plus à cœur, mon avenir scientifique. La vie tourmentée de la politique allait remplacer pour moi le travail de l'usine et le calme du laboratoire. Je me séparais momentanément de ma famille et de mes amis d'Alsace. Je m'éloignai de Thann le cœur bourrelé et l'esprit inquiet, heureux pourtant de retrouver mes amis de Bordeaux, de travailler avec eux à la fondation de la République et à la préparation de la revanche. Il me semblait bien bizarre d'être « ministériel » pour la première fois de ma vie, de soutenir Thiers, dont le passé m'inspirait quelque défiance. Mais nous avions avec nous Gambetta, qui nous aiderait à éviter les fautes et à écarter les périls.

Ma femme vint bientôt me voir. Nous allâmes ensemble rendre visite à Jules Grévy, le président de l'Assemblée, mon ancien défenseur de 1862 avec qui ma famille avait conservé d'amicales relations. Grévy nous reçut dans son superbe cabinet de la présidence, tout plein des souvenirs de Louis XIV. Cet apparat, au milieu du deuil de la patrie, produisit sur nous une impression pénible. Nos jeunes imaginations, exaltées par le malheur, ne pensaient qu'à la préparation de la revanche immédiate. Nous nous trouvions au milieu d'un luxe qui nous révoltait. Grévy était assis derrière son bureau. Il se leva, avec cette gravité qui lui était habituelle même dans les circonstances les moins solennelles, s'avança vers ma femme et, lui prenant les deux mains, il lui dit avec un air paternel et protecteur : « Ma chère enfant, je suis heureux de vous voir. Je sais ce que vous avez dû souffrir pendant cette horrible période au milieu des Prussiens. »

Après nous avoir demandé des nouvelles des nôtres, il ajouta, avec un tact médiocre : « Il est douloureux d'avoir perdu son pays, le pays qui vous a vu naître, où l'on a toutes ses affections. Mais, que voulez-vous, mes enfants ? Le régime qui a pesé si longtemps sur la France ne pouvait laisser que des désastres derrière lui. Vous qui n'êtes pas responsable de ses fautes, vous êtes punis cependant avec les autres, peut-être plus que les autres. » Dans notre émotion, nous attendions un correctif à ces paroles un peu cruelles dans leur banalité. Comme il tardait à venir, je me permis de dire au président : « La France a un grand devoir à remplir envers l'Alsace. Elle en a fait son bouc émissaire et n'en avait pas le droit. » Je ne pus achever. Grévy me regardait d'un œil sévère. « Mes enfants, dit-il, je sais que vous êtes pour la guerre. Eh bien ! je vous le dis à vous, mon ami, qui avez voté contre la conclusion de la paix : il ne faut pas que la France songe à la guerre. Il faut qu'elle accepte le fait accompli, il faut qu'elle renonce à l'Alsace. » Les larmes coulaient de nos yeux. Le président nous prit les mains et ajouta : « Ne croyez pas les fous qui vous disent le contraire et qui sont cause que nos malheurs ont été aggravés par une lutte sans espoir. » Comprenant l'allusion perfide à Gambetta et sentant l'injure faite au grand citoyen en qui l'Alsace-Lorraine mettait tout son espoir, nous sortîmes navrés de cette entrevue, comme si un mauvais génie venait de nous enlever tout ce qui nous restait de courage.

Ce jour-là, j'ai jugé Grévy. J'avais jusqu'alors considéré cet homme, remarquable à bien des titres, comme un vrai romain, grave et austère, d'une simplicité peut-être un peu apprêtée. Derrière le masque antique, je vis reluire pour la première fois l'œil malin et madré du paysan franc-comtois : le héros s'évanouissait. Depuis cette triste et décourageante entrevue, je n'ai plus eu avec Grévy — et je sais qu'il s'en est plaint quelquefois — que des rapports officiels et obligatoires.

Bien différente fut mon impression quand j'allai chez Gambetta. Je ne le connaissais que pour l'avoir vu à Tours et à Bordeaux, en passant, comme je l'ai raconté. Ses premières paroles, un souvenir fidèle à l'Alsace, me réchauffèrent le cœur. Sa première poignée de main m'attacha à lui jusqu'à la mort.

Un comité de dames de Thann, dont ma femme était présidente, ayant eu l'idée d'offrir par souscription un souvenir à Gambetta, je donnai à mon ami Henner l'idée de peindre la fameuse « Alsacienne » qui a consacré dans le monde entier la renommée de notre illustre compatriote. Henner se mit immédiatement à l'œuvre à Mulhouse, où il eut la bonne fortune de trouver un modèle parfait. La belle gravure de Flameng a

popularisé cette jeune fille aux traits énergiques,
type accompli de nos femmes d'Alsace, fières et
douces. L'artiste a donné l'expression de la tris-
tesse sans résignation à ces yeux énigmatiques
comme ceux de la Joconde. Au bas d'une repro-
duction gravée de ce chef-d'œuvre, Gambetta a
écrit pour nous ces mots : « Il n'y aura de paix
en Europe, d'ordre et de renaissance en France,
que le jour où nous aurons délivré la captive.
Préparons-nous sans phrases et n'ayons jamais
d'autre pensée que la reprise de notre bien. »

Toute la politique de Gambetta se trouve en
ces quatre lignes, qui résument sa conviction,
ses efforts et ses espérances. Sans s'en écarter
jamais, il a vécu et est mort pour elle.

Le réveil du pays, manifesté par les élections
du 2 juillet, inquiéta les légitimistes autant
qu'il les surprit. Ils envoyèrent auprès du comte
de Chambord des délégués qui le trouvèrent
intraitable sur la question du drapeau, à la
grande satisfaction du centre-droit orléaniste,
toujours prêt à pêcher en eau trouble. En présence des menées royalistes, il importait au parti
républicain de s'organiser pour la lutte. Gambetta, qui venait de rentrer à l'Assemblée, songea
à grouper en un seul faisceau toutes les forces
parlementaires de la démocratie pour arriver à

créer la même union dans le pays. Mais son exubérance naturelle, son admirable éloquence, la popularité qu'il avait acquise en dirigeant la Défense nationale, soulevaient contre lui des préventions et des jalousies. Aussi, quand le grand orateur convoqua tous les députés de la gauche en Assemblée plénière, à la salle du Jeu-de-Paume, ses idées d'union rencontrèrent-elles une opposition insurmontable. Thiers n'avait pas encore appris à connaître et à estimer l'homme qu'il traitait naguère de « fou furieux » et qu'il ne devait juger à sa valeur que plus tard, après le 24 mai. Il redoutait l'influence que le jeune orateur pouvait prendre sur ses amis du centre-gauche, par le fait de la sympathie qu'il inspirait à tous ceux qui l'approchaient. Jules Grévy, toujours animé envers le « Dictateur » de ces sentiments haineux qui furent un malheur pour la République, fit marcher également ses fidèles.

Gambetta développa les idées d'union dans une allocution simple et persuasive. Amable Ricard prit la parole, avec véhémence, au nom des opposants. Gambetta répliqua, avec son éloquence entraînante qui réveilla les échos de ces murs témoins de l'enthousiasme civique de nos aïeux. Il émut profondément ceux qui, comme moi, l'entendaient pour la première fois.

Mais le siège de ses adversaires était fait. La réunion, à une grande majorité, décida de maintenir les trois groupes de la gauche. Trop d'ambitions personnelles se trouvaient en jeu, trop de jalousies se déguisaient sous un masque de fière indépendance. Il y avait trop d'aspirants aux modestes fonctions de présidents, de vice-présidents et de secrétaires. Une fois de plus, l'intérêt du pays fut sacrifié. On laissa subsister les divisions de groupes. Cet éparpillement du parti, qui fut si avantageux pour la réaction, rendit plus facile le renversement de M. Thiers.

Battu devant l'ensemble des groupes de la gauche, Gambetta vint avec nous, à la gauche radicale. Là aussi, son autorité était discutée, car beaucoup, parmi les républicains de 1848, prenaient ombrage de ce jeune homme en qui la France républicaine reconnaissait sans hésitation son chef. « Apprivoiser les vieux » fut la tâche de Gambetta. Elle n'était pas aisée, et il eut besoin de toutes les ressources de son génie politique, de toute son éloquence, de tout son patriotisme, surtout de son incomparable puissance de séduction, pour la mener à bien. Il commença par demander à ses collègues de la gauche avancée de prendre le nom d'Union républicaine, dont la réunion plénière du Jeu-de-Paume n'avait pas voulu. Les « ancêtres » goûtaient peu cette dénomination nouvelle. Ces braves gens, dévoués mais inhabiles, qui avaient si bien compromis la République de 1848, n'ayant jamais connu la responsabilité du pouvoir, avaient coutume de prendre leurs déterminations au nom de principes abstraits, sans s'inquiéter des conséquences, et il leur en coûtait d'abandonner l'épithète radicale, car ils tenaient aux mots plus qu'aux choses. La « politique des résultats », que Gambetta et la nécessité finirent par leur imposer à tous, leur agréait peu, ils la dédaignaient comme trop terre à terre. Gambetta fit adopter, malgré leur opposition, grâce à l'appui de l'élément jeune et de ses collaborateurs de 1870, le nom nouveau. L'Union républicaine était le groupe le moins nombreux de la gauche. Il devait faire de nombreuses recrues à toutes les élections partielles, et il joua dans l'histoire de la troisième République un rôle prépondérant. Gambetta y exerça dès le premier jour, en dépit de tout et de tous, une influence directrice et régulatrice. Il commença par y faire l'éducation politique d'un parti inexpérimenté, composé en majorité d'hommes nouveaux, gagnant la confiance des réfractaires, n'épargnant aucun effort de propagande individuelle. C'est peut-être dans le huis-clos de ce groupe, devant une trentaine d'auditeurs, qu'il a improvisé ses plus beaux discours. L'éloquence de 1848, les belles dissertations philosophiques de Quinet, les déclamations historiques de Louis Blanc, les antithèses brillantes de Victor Hugo, ne pouvaient lutter contre la logique et le bon sens passionné du grand orateur. Les jeunes, malgré le respect qu'ils professaient pour leurs maîtres traditionnels, pour les gloires de la proscription, se sentaient gagnés tous les jours davantage. Victor Hugo fut le premier conquis parmi les anciens, puis Peyrat et Schœlcher, ce dernier tout en maugréant parfois contre la « contrainte morale » que lui imposait un si grand talent. Mais Quinet et Louis Blanc demeurèrent irréductibles. La majorité du groupe comprit pourtant bientôt qu'il y avait mieux à faire que d'adresser des « manifestes » au peuple, et que la politique des démonstrations, toujours vaines et quelquefois ridicules, chère à certaines vieilles barbes, ne conduisait à rien et restait sans écho.

La droite ne se contentait pas de poursuivre ses idées de restauration, elle tenait à conserver dans le pays la majorité que lui avaient donnée, par surprise, au 8 février, les électeurs découragés et las de la guerre, et à s'emparer de l'esprit des générations nouvelles. Pour cela, il importait de reprendre l'œuvre funeste de 1850, et, après la liberté de l'enseignement secondaire, de conquérir celle de l'enseignement supérieur, afin de mettre la main sur l'éducation des fils de la bourgeoisie. La peur avait donné en 1848, aux voltairiens de la veille, des convictions religieuses. C'est après le 24 février qu'était né le parti clérical, inconnu sous la monarchie de Juillet et sous l'ancien régime. Aucun cabinet de Louis-Philippe n'avait eu l'idée de s'appuyer sur le clergé. Personne alors ne mêlait la question religieuse à la politique. Je me souviens très bien que pendant ma jeunesse, à l'école et au collège, nul de nous ne s'inquiétait de savoir à quelle religion appartenaient ses camarades. L'indifférence en ces matières était si grande que, parmi les innombrables professions de foi de 1848, aucune, pas même celles des prêtres, ne faisait allusion aux questions confessionnelles. C'est Falloux qui les a introduites pour la première fois dans la politique ; il a divisé ainsi la nation en deux camps irréconciliables, armés en guerre, et créé une autre France dans la France de la Révolution. Tel fut le résultat de la loi de 1850.

En 1874, Falloux restait dans la coulisse, mais, sous son inspiration, l'évêque Dupanloup agit à l'Assemblée nationale, sans perdre une minute. Trois mois après la Commune, au moment où toutes les préoccupations du pays se portaient vers la libération du territoire, sur les charges budgétaires et sur la reconstitution de l'armée, les chevau-légers mirent à l'ordre du jour la liberté de l'enseignement supérieur. La commission nommée par les bureaux fut naturellement en majorité rétrograde. On m'élut dans le mien, à la suite d'un malentendu que je n'avais rien fait pour provoquer. Les travaux de cette commission aboutirent, après trois ans et à une faible majorité, à la création des universités catholiques. En dehors de moi, nommé par surprise, la minorité républicaine comptait Pascal Duprat, un des meilleurs orateurs de l'Assemblée nationale ; Jules Ferry, l'infatigable lutteur, et Bardoux. Ce dernier, esprit distingué, habile à trouver des moyens de conciliation qui aboutissaient rarement, très ferme pourtant sur les droits de l'État, faisait de temps en temps quelques concessions de forme pour arriver à obtenir le mandat de rapporteur. Mais on lui préféra Laboulaye *(Rendez l'encrier!)* le type du faux-bonhomme, libéral renégat, toujours prêt à abandonner aux cléricaux plus même qu'ils ne demandaient.

Au milieu de cette année 1871, nous fondâmes, avec mes amis Charles Lauth, le docteur Onimus et Seinguerlet, l'Association générale d'Alsace-Lorraine, pour venir en aide aux Alsaciens-Lorrains sans fortune accourus en si grand nombre en France, et surtout à Paris, afin d'échapper à l'annexion. Vers la même époque, des monarchistes du Haut-Rhin, notamment MM. Keller et Lefébure, aidés de M. d'Haussonville, cherchaient à créer une œuvre du même genre. J'eusse souhaité la constitution d'une société unique, car les républicains étant en grande majorité dans le milieu alsacien-lorrain, les monarchistes auraient été noyés. Mais ni nos amis ni nos adversaires ne partagèrent ma manière de voir, quoique un moment M. Keller parût s'y rallier. Ces deux œuvres prirent naissance vers la même époque : « l'Association générale », du côté des républicains ; « la Société de protection », du côté des monarchistes. L'Association générale s'est surtout occupée de distribuer des secours aux Alsaciens résidant à Paris et d'assurer l'éducation des enfants, au moyen de nombreuses distributions de bourses. La Société de protection, qui avait obtenu du gouvernement la concession de 100.000 hectares en Algérie, s'est spécialement vouée à la colonisation. Les résultats obtenus par M. d'Haussonville, quoique hors de proportion avec les sacrifices qu'ils ont coûté, sont pourtant très appréciables. En vingt-cinq ans, chacune des deux Sociétés a dépensé plus de trois millions et demi de francs.

Nous résolûmes de réunir chaque année nos pupilles et nos amis autour d'un arbre de Noël qui devait leur rappeler la patrie absente. Un comité de dames, présidé par madame Kestner, et dont faisaient partie entre autres madame Charras, madame Kœchlin-Schwartz, madame Floquet et ma femme, prit une large part à l'organisation de ces touchantes fêtes de famille, qui eurent chaque année un retentissement croissant.

Les bonapartistes, toutefois, voyaient d'un mauvais œil une cérémonie qui évoquait pour eux des souvenirs cuisants. Voici ce qu'en écrivait, par exemple, dans *le Pays* du 27 décembre 1873, M. Paul Granier de Cassagnac : « Que les républicains prennent leurs jours et nous laissent les nôtres. Ils ont assez de journées sinistres pour n'être pas obligés de toucher à nos fêtes glorieuses. A moins toutefois qu'ils n'aient choisi le jour de Noël pour nous montrer que, Gambetta et Lepère étant présents, il peut se trouver dans l'étable autre chose qu'un bœuf et un âne...

Rien n'a été respecté, rien. La Religion et la Patrie, Dieu et la France, étaient également insultés par la présence de Gambetta... La France, si elle avait pu parler, aurait dit : « Enfants, ces « républicains sont les assassins de votre pays, « ceux qui l'ont vendu, livré à l'ennemi. Et « quand on parle de revanche, de courage, de « patriotisme, regardez-les bien, car ils ne se sont « pas battus, ils ont fui... » Les insultes de ce parti que l'Assemblée de Bordeaux, à l'unanimité, avait si justement flétri, en le rendant responsable du démembrement de la Patrie, ne pouvaient que nous assurer la sympathie et le concours de tous les patriotes.

De l'Alsace il ne nous restait plus que Belfort, grâce à Denfert. Il fallait organiser ce lambeau arraché aux convoitises allemandes. Keller et moi aurions voulu conserver à l'arrondissement de Belfort le nom de département du Haut-Rhin. Nous présentâmes le 1er août un projet de résolution dans ce sens signé par un grand nombre de nos collègues, dont Gambetta. L'Assemblée se montra hostile et M. Thiers craignit de mécontenter les vainqueurs en donnant le nom de Haut-Rhin à un territoire assez éloigné de ce fleuve. Pourtant le Président ne voulut pas le souder à la Haute-Saône ou au Doubs, comme certains députés le demandaient, et l'Assemblée créa le Territoire de Belfort qui eut à élire un député et un sénateur et reçut un sous-préfet avec le nom d' « administrateur ». La générosité toujours sans pareille des Mulhousois, provoquée par Jules Grosjean et Alfred Kœchlin-Steinbach, permit de créer à Belfort un important lycée destiné à recevoir les enfants des pays annexés et à leur donner une éducation française, sans trop les éloigner de leurs familles. Le lycée de Belfort a rendu et continue à rendre d'inappréciables services.

Je m'étais installé à Versailles en garçon, à l'hôtel des Réservoirs. Quoique je fusse un député modèle, je puis bien le dire car le mérite est mince, assistant à toutes les séances, lisant d'un bout à l'autre les nombreux projets de lois et les énormes rapports de la « Distribution », le temps me paraissait long loin de ma famille, d'autant que je ne m'étais créé encore que peu de relations parmi mes collègues. Les deux premiers avec qui je me liai étaient deux députés de l'Yonne, rencontrés par hasard au petit café du parc, Lepère, le futur ministre de l'Intérieur, et Rathier. Jamais deux hommes ne furent plus dissemblables. Autant Lepère était aimable, spirituel et bon enfant, autant Rathier se montrait

au premier abord revêche, cassant et fermé.
Lepère m'a raconté le trait suivant de son collègue : Pendant la guerre, Rathier était maire
de sa commune quand les éclaireurs allemands
se présentèrent. Il prit un fusil, s'avança vers le
peloton de hulans, et abattit le premier cavalier
comme un simple lapin. Les autres croyant la
ville occupée par les francs-tireurs tournèrent
bride, et quand l'ennemi revint en force quelques
jours après, le général allemand ne se douta
jamais que le maire avec lequel il traitait paisi-
blement chaque jour des questions de réquisitions avait si bien accueilli ses éclaireurs. Cette
héroïque folie me fit pardonner à l'excellent
Rathier ce que son abord avait parfois d'un peu
raide.

Dans mes promenades solitaires du soir je fis
une curieuse découverte. Avant l'arrivée des
Prussiens à Versailles on avait pêché tous les
étangs et bassins du parc pour mettre les carpes
en sûreté dans les réservoirs situés à droite du
château et qui ont donné leur nom à l'hôtel où
je logeais. Un jour je m'aperçus qu'on y avait
tendu des lignes de fond, et je surpris le pêcheur
en flagrant délit. C'était le petit père X...., un de
nos huissiers, figure bien connue des parlementaires, des journalistes et de tous ceux qui ont

fréquenté les Chambres de 1865 à 1885. Il fallait le voir les jours de grandes séances, ne sachant où donner de la tête avec les quémandeurs de billets, courant dans les couloirs, s'épongeant le front, et finissant par placer sinon tout le monde, du moins beaucoup de monde. X... avait un vice secret : ce parfait fonctionnaire, le plus honnête du monde, était un braconnier impénitent. Pendant deux ans il mit en coupe réglée les carpes plus ou moins centenaires qu'on disait contemporaines du grand roi. Devenu maître de son secret, j'en abusai pour me procurer, sa vie durant, un nombre formidable d'entrées de faveur. Le brave garçon est mort, je puis donc raconter cette anecdote dont, fidèle à ma promesse, je n'ai jamais parlé à âme qui vive, et expliquer ainsi l'épidémie mystérieuse qui sévit au lendemain de la guerre sur les carpes de Versailles. Mais je ne dévoilerai pas le nom de leur terrible ennemi.

Si j'aimais à vanter ma perspicacité, je tirerais honneur de mon vote dans la loi Tréveneuc. La droite, qui possédait la majorité dans les conseils généraux, voulut étendre leurs attributions et en faire autant de forteresses du parti réactionnaire. Presque tous les républicains de la veille votèrent contre cette proposition décentralisatrice. Gambetta s'abstint. Je votai pour, convaincu que le réveil des idées républicaines nous donnerait forcément la majorité dans les assemblées départementales. L'événement a justifié mes prévisions. Tant il est vrai que la mauvaise fortune persistante des monarchistes les a perpétuellement éloignés du but qu'ils prétendaient atteindre.

Pour épargner des difficultés aux Alsaciens-Lorrains optants, je déposai une proposition de loi tendant à les autoriser à contracter mariage dans une commune française quelconque après un mois de résidence au lieu de six mois de domicile. La commission chargée d'étudier ma proposition choisit pour rapporteur M. Courbet-Poulard, frère de l'amiral Courbet qui se signala plus tard en Extrême-Orient. Ledit Courbet-Poulard était certainement un des membres les plus bizarres d'une Assemblée qui payait un large tribut au ridicule. Petit, les cheveux blancs tombant sur la nuque, il s'avançait majestueusement sur des talons démesurés, portant son torse comme un saint-sacrement. Il n'aimait pas la plaisanterie, surtout quand elle s'exerçait à ses dépens, ce à quoi pourtant il eût dû être habitué. Dans une biographie alphabétique des députés où deux pages suffisaient à M. Thiers, cet illustre inconnu

s'était consacré à lui-même six pages qui exci-
tèrent pendant longtemps l'hilarité de ses collègues sans acception de parti. Il y avait surtout
l'histoire de sa décoration par l'Empereur qu'un
héros de Labiche n'eût pas désavouée. Notre rapporteur produisit à la tribune un effet si désas-
treux que j'y montai après lui pour retirer ma
proposition. « C'est bien fait, me souffla Grévy,
de son fauteuil. Est-ce qu'on charge d'un rapport
ce... » Je supprime l'épithète. Du reste, Dufaure
me donna satisfaction par une simple circulaire.

Peu habitué à légiférer et ignorant des termes
juridiques, j'avais cru bien faire en priant un de
mes collègues, avocat connu, de rédiger pour
moi le texte de ma proposition. J'avais écrit :
« Tout Alsacien désireux de se marier... » Mon
collaborateur voulut remplacer les mots « se marier » par ceux de « contracter mariage », mais il
écrivit par inadvertance « faire acte de mariage ».
Quand je présentai mon texte au président,
celui-ci y jeta les yeux par hasard, et me dit :
« C'est vous qui avez rédigé cela ? » « — Non,
Monsieur le Président, c'est X... » — « Eh bien,
dites-lui qu'il est vraiment trop gaulois. Faire
acte de mariage, c'est se passer du maire et s'exposer à des poursuites pour attentat à la pudeur. »
Je corrigeai mon texte à la hâte sur le coin du

bureau du Président en le remerciant de m'avoir épargné une occasion de jouer les Courbet-Poulard.

Je fis naturellement partie de la commission chargée d'étudier le régime de faveur à accorder temporairement aux industries d'Alsace-Lorraine. Le terrain d'entente avait été préparé par les Mulhousois et les Vosgiens également intéressés à maintenir les relations commerciales entre les deux pays. Les imprimeurs de Mulhouse avaient besoin des tissus des Vosges et les Vosgiens tenaient à écouler leurs produits dans les imprimeries alsaciennes. Il importait donc d'établir un régime mixte de faveur, temporaire bien entendu, donnant aux tisseurs d'Épinal le temps de créer des fabriques d'impression, et aux Mulhousois celui de trouver un nouveau marché, en dehors de France, pour leurs tissus imprimés.

L'article 5 des préliminaires de paix disait : « Il sera fixé un espace de temps pendant lequel les habitants des territoires cédés jouiront de facilités particulières pour la circulation de leurs produits. » La Chambre de Commerce de Mulhouse étudia à fond la question et indiqua les garanties qui pouvaient pratiquement et d'une façon indiscutable certifier l'origine des produits

alsaciens destinés à passer la frontière française.
Les délégués de cette Chambre de Commerce,
MM. Auguste Dollfus, Spœrry et Marin s'entre-
mirent à Versailles, à Francfort et à Berlin entre
les deux gouvernements en avril et mai 1871.
Spœrry établi à Mulhouse, mais Suisse de nationalité, plut particulièrement à M. Thiers ; celui-ci
le chargea de régler avec M. d'Arnim certaines
rectifications de frontières du côté de Belfort,
rectifications qui nous valurent la rétrocession
d'une vingtaine de communes d'abord annexées.
Au commencement de septembre, le régime tran-
sitoire fut réglé entre le gouvernement français
et le ministre prussien Herzog, venu à cet effet
à Versailles, malgré l'opposition faite à la dernière heure par les Vosgiens et par certains industriels de l'Est qui trouvaient trop considérables les concessions faites aux Alsaciens, sans
songer qu'ils étaient les premiers à en profiter.
Nicolas Claude, seul parmi les Vosgiens, jugea
la question avec clairvoyance et équité, et combattit l'aveuglement peu patriotique de ses collègues les industriels des Vosges.

Le gouvernement déposa le 14 septembre le
projet d'arrangement avec l'Allemagne. Mais au
lieu de présenter comme d'habitude à la ratifica-
tion de l'Assemblée un projet ferme, M. Thiers

pressé d'en finir avant les vacances qui allaient commencer deux jours après, le 16, demandait simplement « l'autorisation de conclure ». La commission comptait huit monarchistes et sept républicains. Les premiers, mal disposés envers le Président à qui ils ne voulaient pas avoir l'air d'accorder un blanc-seing, peu désireux d'ailleurs d'aboutir et se retranchant derrière la question de forme à l'instigation de M. Buffet, se montraient hostiles. Heureusement, un de ces monarchistes, M. Dompard, de la Meuse, se joignit à nous et son vote constitua la majorité. L'Allemagne, en échange de quatre mois de franchise pour les produits alsaciens-lorrains, de six mois de quart de droit et d'un an de demi-droit, s'engageait à évacuer immédiatement cinq départements. Pendant la discussion de la Commission, M. Thiers me fit appeler et me chargea de faire savoir à mes collègues que l'introduction des produits d'Alsace serait limitée aux quantités produites en 1869. C'était une garantie pour les Vosgiens, mais ils ne désarmaient pas. Buffet, mal instruit des intérêts de son département qui avait besoin du marché de Mulhouse pour ses tissus de coton, voulait ajourner la décision. Il alla même, en dépit de ses convictions catholiques, jusqu'à proposer de siéger le dimanche 17,

Mais l'Assemblée était pressée d'entrer en vacances. Le samedi soir, Raoul Duval demanda le
rejet d'une loi qui nuisait à l'industrie rouen-
naise. Thiers monta à la tribune et prononça un
de ces discours d'affaires merveilleux de clarté
où il excellait. Il parla une partie de la nuit, ne
laissant rien subsister des sophismes des Vosgiens et des Rouennais. Le projet qui donnait au
moins aux provinces annexées une satisfaction
d'ordre économique fut voté à une heure du
matin par 512 voix contre 32, représentant les
maîtres de forges des Ardennes, les cotonniers
des Vosges et de la Seine-Inférieure. L'admission
temporaire était un fait accompli.

Nous avons vu comment l'Assemblée de Bordeaux avait accordé d'assez mauvaise grâce à
M. Thiers le titre de « chef du pouvoir exécutif
de la République française ». Le 12 août, M. Rivet proposa à l'Assemblée de Versailles de lui
donner celui de « Président de la République ».
C'était un nouveau pas vers la République défi-
nitive, quoique les auteurs de la proposition se
défendissent de vouloir porter atteinte au fameux
« pacte de Bordeaux ». M. Vitet se chargea du
rapport dans l'espoir que le Président saurait gré
au centre-droit de cette complaisance. La droite,
elle, se montrait très irritée, voyant le « petit

vieux » (c'était l'expression courante) continuer
à la rouler lentement mais sûrement. Vitet rédigea un rapport très habile dans lequel, tout en
prétendant qu'il s'agissait uniquement d'une
insignifiante question de protocole, il avait l'air
de vouloir faire tirer les marrons du feu par
M. Thiers au profit des princes, disposés à entrer
dans la République pour la détruire. Comme la
droite était fort dépitée de voir le Président
prendre part à toutes les discussions importantes
et jeter dans la balance sa dialectique redoutable
et son autorité personnelle, le rapporteur eut
l'air de faire une concession aux chevau-légers
en proposant que M. Thiers informât d'avance le
Président de l'Assemblée de son désir d'intervenir dans un débat. La concession était mince.
Mais M. Vitet glissa dans son rapport le trait du
Parthe en reconnaissant la responsabilité du
Président de la République devant l'Assemblée.
La droite comprit toute la valeur de cette pres-
cription constitutionnelle qui devait lui servir
à se débarrasser du libérateur du territoire. Mais
celui-ci ne fit pas à ses adversaires l'honneur
de croire cette responsabilité dangereuse.

Pourtant quand la discussion commença le
30 août, les légitimistes envoyèrent un des leurs,
M. Léonce de Lavergne, attaquer violemment la

proposition Rivet, en termes blessants pour la susceptibilité de M. Thiers. Il aurait voulu obliger le Président à demander par un message l'autorisation de monter à la tribune. La discussion fut des plus vives. Pascal Duprat prononça un éloquent discours, et comme Numa Baragnon reprenait son réquisitoire habituel contre les hommes du 4 Septembre, le « tarte à la crème » des petits marquis versaillais, Testelin se fit rappeler à l'ordre en lui répliquant : « Sans le 4 Septembre vous lécheriez encore les bottes de l'Empereur ». Grévy dut se couvrir et suspendre la séance. A la reprise Gambetta discuta le pouvoir constitutionnel de l'Assemblée nationale. Pendant une heure il lutta contre des interruptions passionnées, et finit en invoquant le spectre de la dissolution. Le 31, enfin, la proposition Rivet fut votée par 491 voix contre 94. Je votai contre avec Gambetta. Ce souvenir ne me rend pas fier.

Quelques jours après je me trouvais à la réception de la préfecture. M. Thiers, suivant la coutume, était entouré d'orléanistes qui le tenaient en charte privée devant la cheminée. Rivet, les jambes écartées, lui faisait un rempart de sa grande taille. En baissant quelque peu la tête, le Président eût pu regarder par-dessous les jambes de son rapporteur. Je m'approchai, et quand il me vit, M. Thiers me dit de sa petite voix aigrelette : « Comment allez-vous, monsieur Scheurer, depuis votre vote de l'autre jour ? » — « Mais, monsieur le Président de la République, je me porte un peu moins bien qu'avant. » Thiers enchanté du mot profita de ma venue pour échapper à ses gardes du corps. Il me conduisit dans le salon voisin présenter mes respects à Mme Thiers. Celle-ci, suivant son habitude, dormait du sommeil du juste dans un fauteuil. C'est Mlle Dosne, sa sœur, qui reçut mes hommages.

L'Assemblée se prorogea pour trois mois, jusqu'au 4 décembre. M. Thiers allait pouvoir s'occuper de la libération du territoire. Je rentrai à Thann, après neuf mois d'absence effective, et mon premier soin fut de transformer la fabrique de produits chimiques Kestner en société anonyme, pour diminuer la responsabilité de la direction qui m'incombait presque tout entière, et surtout pour que ma famille, jusqu'alors unique propriétaire de l'usine, ne restât pas seule en face des Allemands. Les affaires reprenaient en Alsace comme en France avec une activité prodigieuse. Mon personnel fut bientôt remis au pas.

C'est en novembre que Gambetta, voulant avoir

un organe à lui, fonda la *République française* avec ses anciens collaborateurs de la Défense, Spuller, Ranc, Challemel-Lacour, Allain-Targé, Isambert, Antonin Proust, Gougeard, etc. Dans son histoire de la troisième République M. Zévort a dit que Gambetta agissait avec l'assentiment et à l'instigation de M. Thiers. C'est absolument inexact. Les relations entre Gambetta et Thiers étaient rompues depuis la guerre. Gambetta ne revit le Président pour la première fois qu'au commencement de 1872, le jour où avec Chanzy et Faidherbe il alla lui demander de protéger les officiers de la Défense contre les rancunes réactionnaires de la Commission de révision des grades. Thiers reçut très froidement ses trois illustres visiteurs.

La *République Française* exerça tout de suite une influence considérable. Elle fut fondée avec un modeste capital de 125.000 francs, dont 55.000 fournis par l'Alsace. Gambetta avait eu la malheureuse idée d'envoyer chez nous, pour recueillir des souscriptions M. Puthod, ancien préfet du 4 Septembre dans l'Ain, où son succès avait été médiocre. Il ne réussit guère à trouver de l'argent qu'à Sainte-Marie-aux-Mines, grâce à Charles Blech, toujours prêt à payer de sa bourse comme de sa personne.

Du reste, à Bordeaux, les anciens députés du Haut-Rhin étaient tous entrés, sauf moi, à la Gauche républicaine, et avaient un peu épousé les rancunes de Jules Simon. Plus tard seulement, ils se rapprochèrent de Gambetta. Je reparlerai de la *République Française* à l'occasion de sa transformation en 1876 et 1877, et de la création de la *Petite République*, origine de la fortune de Gambetta.

Quand l'Assemblée rentra au commencement de décembre, les rapports de la majorité et du Président s'étaient singulièrement aigris. La droite en voulait à M. Thiers des élections partielles, de plus en plus républicaines. Le message du 7 décembre fut accueilli par elle avec une mauvaise humeur extrême, surtout le passage dans lequel le Président rendait justice à l'administration préfectorale, passage où l'on vit une approbation des dernières élections. Si M. Thiers ménageait encore les fidèles du pacte de Bordeaux, dans ses conversations particulières il parlait déjà de la République comme du seul gouvernement possible. Pour amadouer les deux centres, il lançait bien le ballon d'essai de la « République sans républicains », mais cette ironie était encore une affirmation de la supériorité du régime. Dans son discours contre l'impôt sur le revenu, Thiers parla officiellement de l' « essai loyal », expression qu'il avait employée pour la première fois le 5 juin à la Commission d'abrogation des lois d'exil. « Il faut faire cet essai loyalement, dit-il en s'adressant aux centres ; il ne faut pas être des comédiens qui expérimentent une forme de gouvernement avec le désir de la faire échouer. » Je cite de mémoire. Se tournant vers la droite, il insista en s'écriant : « Cet essai, nous le voulons tous. » Protestations effroyables que l'orateur feint de ne pas entendre. « Messieurs, continua le suprême mystificateur, je voudrais vous unir, je ne voudrais pas vous diviser, et je sais qu'en vous parlant de loyauté je ne vous divise point, je vous unis au contraire. » Et frappant sur son clou avec opiniâtreté, il ajouta de son air pince-sans-rire : « Je m'adresse à ceux qui veulent que cet essai réussisse et je suis sûr en disant cela de m'adresser à toute l'Assemblée.» Etait-il possible d'employer une ironie plus cruelle? C'est au moment où M. Thiers combattait au nom de la droite l'impôt sur le revenu qu'il la bafouait ainsi, déchirant en réalité le pacte de Bordeaux.

Il en voulait terriblement à ces intrigants et à ces incapables qui, sans oser l'attaquer en face, allaient l'injurier dans les couloirs ou dans les coins du théâtre de Versailles après l'avoir salué humblement à son banc. Un jour qu'il se plaignait à la tribune de voir ses forces mises à une si dure épreuve : « Qu'il en crève ! » disait en ma présence M. Lambert-Sainte-Croix. Il est vrai que M. Thiers savait se venger de ses adversaires et qu'il avait la dent dure. « J'ai connu Lambert-Sainte-Croix tout petit, disait-il. Il venait sur mes genoux. Il parlait déjà de finances. Oui, il en parlait déjà... comme aujourd'hui. »

C'est le même Lambert qui, sous l'Empire, disait : « Il ne se trouvera donc pas un jeune homme sans position qui nous débarrasse de ce monsieur ! » Il s'agissait de supprimer Napoléon III.

La politique présidentielle s'affirmait chaque jour plus nettement. Se sentant poussé par le pays, M. Thiers était décidé à entrer en lutte ouverte avec les monarchistes, et ne les ménageait pas. On répétait de lui des mots pleins d'ironie et de mépris. Tout le monde connaît son portrait du comte de Paris, devenu historique : « De loin il a l'air d'un allemand, et de près l'air d'un sot. » Je crois que j'atténue.

Je n'oublierai jamais de quel accent M. Thiers, à la séance du 11 mai 1871, à l'occasion du traité de paix avec l'Allemagne, en demandant aux membres de la droite quelques jours de patience avant de le renverser, leur disait : « Une fois le danger passé, la tâche sera proportionnée à votre courage et à votre capacité... » Jamais parole plus juste à la fois et plus outrageante n'est tombée de la tribune française.

Le 19 décembre se produisit un incident parlementaire inattendu, dont le retentissement fut considérable. Les princes d'Orléans vinrent prendre place sur les bancs de l'Assemblée. Il faut remonter à quelques mois en arrière pour comprendre l'émotion produite par ce fait en apparence insignifiant.

Au 8 février le prince de Joinville et le duc d'Aumale avaient été élus représentants du peuple. D'un commun accord, la validation de cette double élection fut ajournée. Au commencement de juin seulement les amis des princes mirent cette validation à l'ordre du jour : on la joignit à la question de l'abrogation des lois d'exil. La commission nommée le 4 juin comprenait la fine fleur du centre-droit et un seul républicain, Adolphe Cochery. La majorité de ses membres déclara bien haut qu'il ne s'agissait pas d'une affaire politique. Mensonge grossier qui ne trompa personne, surtout M. Thiers, nouvelle manifestation de cette rouerie subtile et

maladroite appelée à bon droit « esprit orléaniste ».

Les conjurés, on peut employer ce mot puisque l'affaire avait été menée comme un complot,
décidèrent d'abroger les lois d'exil en validant
les deux élections, et nommèrent rapporteur le
gros Batbie, celui-là même qui en 1848 parlait
si allégrement de « déchaîner le lion populaire ».
Ils espéraient déposer leur rapport clandestine-
ment sans avoir à subir les assauts de M. Thiers.
Mais celui-ci, prévenu par Cochery, demanda à
être entendu par la Commission. Tout en se déclarant personnellement sympathique aux princes, il invoqua l'intérêt du pays à qui il fallait
épargner de vaines agitations au moment où tous
les efforts tendaient à payer la contribution de
guerre à l'Allemagne. M. Thiers mit le marché
en main aux orléanistes de la commission : la validation, contre l'engagement de ne pas siéger et
de ne pas accepter de fonctions publiques.
Thiers, sous prétexte de viser le prince Napoléon, réclamait aussi le droit de faire changer les
princes de résidence dans le cas où la tranquillité
publique l'exigerait.

Le 7 juin, d'Audiffret-Pasquier alla voir le duc
d'Aumale et le prince de Joinville. Il rapporta
leur promesse de ne pas siéger à l'Assemblée

quand ils seraient validés. Ces conditions acceptées par la Commission et par le Président, l'Assemblée, sur un discours de M. Thiers, vota
l'abrogation des lois d'exil et la validation des
deux élections par 472 voix contre 97. Les prince s
ne se montrèrent pas.

Mais en décembre, quand l'Assemblée rentra
à Versailles pour la session extraordinaire, le
duc d'Aumale et le prince de Joinville avaient
réfléchi. Jean Brunet, le faux fou, le futur défec-
tionnaire du 24 mai, qui déjà à cette époque
prenait en mains les intérêts du duc d'Aumale,
demanda le 18 décembre à interpeller le gouvernement sur « la non-présence à l'Assemblée
de députés dont l'élection remonte à plus de
dix mois et a été validée depuis six. » Il développa son interpellation. Casimir Périer, ministre
de l'Intérieur, lui répondit quelques mots dédai-
gneux, rappelant les engagements des princes,
engagements pris devant la Commission, cons-
tatés devant l'Assemblée, « mais dont le Président
de la République renonce pour sa part à se pré-
valoir ». Fresneau vint sauver la situation en faisant
voter la résolution suivante : « L'Assemblée nationale, considérant qu'elle n'a pas d'avis à donner
sur des engagements auxquels elle n'a pas participé, passe à l'ordre du jour. » Cette misérable

équivoque parut suffisante aux princes. Ils se glissèrent dans l'Assemblée par la porte basse des capitulations de conscience, et vinrent s'asseoir piteusement, sans bruit, le 19 décembre, à côté de leurs amis du centre-droit, en dépit de la parole donnée. C'était bien orléaniste.

Mais voici qui est bien plus orléaniste encore. Pascal Duprat voulut aller à la questure rechercher les procès-verbaux de la commission contenant l'engagement des princes. On les avait fait disparaître subrepticement. Duprat porta la question à la tribune. L'Assemblée à cette révélation ne put dissimuler un frémissement de dégoût. Mais aucun des orléanistes, auteurs ou complices de ce vol de documents publics, n'osa ouvrir la bouche. Pascal Duprat affirma qu'il avait averti de ce détournement le Président de l'Assemblée en le priant d'intervenir pour lui éviter l'obligation de porter ces détails scandaleux à la connaissance de ses collègues. Grévy resta muet. Son silence confirmait et accentuait l'accusation.

Les princes siégèrent donc malgré leurs engagements formels. Ils siégèrent sans gloire et surtout sans profit, courbés sous le mépris de l'extrême droite et de toutes les gauches. Plus tard le duc d'Aumale vieilli, après la belle page du procès Bazaine, ayant abdiqué toute ambition

personnelle, disait à son neveu le duc d'Orléans,
lorsque celui-ci poussa l'orléanisme jusqu'à s'allier au général Boulanger : « Je ne sais pas si
l'intérêt l'exige, mais je sais que l'honneur le
défend. » Il eut pu en décembre 1871 s'appliquer
à lui-même cette dure parole. Depuis lors les
événements ont marché. Le duc d'Aumale s'est
fait à bon compte une sorte de popularité en
léguant une partie de ses biens à l'Académie
française. Sans vouloir diminuer le mérite de
cette générosité princière, il ne me semble pas
que le don du château de Chantilly, qui n'avait
pas coûté bien cher au fils de Louis-Philippe,
grâce au suicide suspect du dernier des Condé
et aux complaisances de Mme de Feuchères, puisse
faire oublier sa conduite et celle de son frère en
décembre 1871.

Ainsi que nous le disions dans l'Avant-propos de ces *Souvenirs*, la publication complète des Mémoires politiques de l'ancien vice-président du Sénat serait encore aujourd'hui prématurée. Aussi l'arrêterons-nous à la fin de 1871. Néanmoins il nous a paru qu'on pouvait sans inconvénient en détacher l'étude suivante sur l'élection des sénateurs inamovibles. On nous saura gré de donner cet intéressant chapitre d'histoire contemporaine écrit par un témoin, d'autant que le sujet n'a jamais encore été traité dans son ensemble.

LES SÉNATEURS INAMOVIBLES
(1875-1884).

L'élection des soixante et quinze sénateurs inamovibles créés par les auteurs de la Constitution de 1875 pour perpétuer dans le Sénat nouveau la tradition de l'Assemblée nationale « choisie dans un jour de malheur » suivant le naïf aveu de Beulé, et dont les avortements successifs aboutirent à l'établissement dans notre pays du régime démocratique, est un des épisodes les plus intéressants de l'histoire de la troisième République. Cette élection, dont la portée politique devait être incalculable, fut menée de notre côté avec une rare habileté. Ensuite et pendant neuf ans, le système de la cooptation a été pratiqué pour un quart des membres du Sénat; il nous a permis de faire entrer dans la Chambre haute une série d'hommes éminents à divers titres, auxquels les électeurs n'auraient probablement jamais songé, et de récompenser en outre le dévouement de vieux et estimables serviteurs de la

République. Plus tard, lorsque la majorité du Sénat nous fut acquise, nous eûmes la faiblesse de réviser sur ce point la Constitution de 1875, et les inamovibles, je m'en accuse tout le premier, comme s'ils avaient honte de leur origine, jugèrent convenable et nécessaire de sacrifier un mode d'élection destiné à ouvrir les portes du Sénat à des hommes honorant le pays par leur science et leurs talents, et dont le choix rehaussait d'autant la valeur morale de cette assemblée. Le résultat de cette révision maladroite a été d'abaisser le niveau intellectuel de la Chambre haute. Si on y avait songé, on aurait pu donner des gages aux préjugés ultra-démocratiques en décidant que les membres élus par le Sénat ne seraient plus dorénavant nommés à vie, mais pour neuf ans comme les autres sénateurs, ou bien encore en faisant choisir les inamovibles par le Congrès, sauf à exclure, par prudence, les candidatures des sénateurs à temps et des députés. Mais nul n'osa proposer cet amendement.

Pour donner une idée d'ensemble des élections des sénateurs inamovibles j'ai réuni, à la suite des élections initiales de décembre 1875, toutes celles auxquelles procéda le Sénat pendant neuf ans.

Au moment où l'Assemblée nationale, arrivée

au terme de sa carrière, allait choisir soixante et quinze de ses membres destinés à la représenter dans la Chambre haute dont ils devaient former la première assise, la gauche ne pouvait pas compter sur une majorité pour faire triompher ses candidats. Gambetta eut alors une idée de génie, celle de créer une majorité factice en exploitant les inimitiés et les rancunes soulevées par le vote des lois constitutionnelles entre les divers groupes monarchiques, et de tenter une diversion avec l'aide de tous les mécontents de Droite. Gambetta s'aboucha d'abord avec un certain nombre de députés de la gauche, choisis parmi les plus intelligents et les plus influents. Il constitua d'accord avec eux une commission occulte qui se réunit pour la première fois le 7 décembre, place de la Madeleine, chez Jules Simon. Le choix du lieu de réunion, étant donné les rapports très tendus depuis Bordeaux entre Simon et Gambetta, prouve à quel point ce dernier savait oublier ses justes préventions dès que l'intérêt supérieur de la République était en jeu. D'ailleurs, Gambetta connaissait assez Simon pour être sûr que si on ne le faisait pas entrer dans le comité il emploierait les rares ressources de son esprit fertile en intrigues pour l'empêcher d'aboutir. Ce comité ne comptait que six membres :

Ricard et Bardoux pour le centre-gauche, Simon et Edouard Charton pour la gauche, Gambetta et Lepère pour l'Union républicaine. Il fut décidé d'un commun accord que ces membres renonçaient à figurer sur la liste des candidats. Les résolutions du comité des six furent tenues absolument secrètes. Les renseignements précis que je vais donner pour la première fois ne m'ont été confiés par Gambetta et surtout par Lepère qu'après l'élection.

A la première séance, Gambetta exposa son plan de campagne. Suivant ses informations personnelles, le centre-droit avait déjà formé une liste avec la droite modérée, en excluant les légitimistes. On pouvait donc faire profiter la République de cette faute en accordant une place aux légitimistes sur la liste républicaine. L'intérêt nous garantissait ainsi leur concours, et la haine des orléanistes nous assurait dans une large mesure celui des bonapartistes. Gambetta fit en effet connaître que Rouher lui avait promis, par l'intermédiaire de Raoul Duval, que le parti de l'Appel au peuple voterait la liste des gauches quelle qu'elle fût, sans demander rien en retour. « Nous savons, avait dit Rouher, que vous ne pouvez rien nous offrir, mais nous tenons à nous venger de la conduite de la droite. Nous n'avons pas à nous féliciter de la vôtre, mais vous au moins vous êtes dans votre rôle et ne nous devez rien. » La Rochette, un des chefs les plus respectés des légitimistes, n'avait pas caché non plus son désir de prendre une revanche sur le centre-droit, responsable à ses yeux de l'échec de la restauration, tout en garantissant quelques sièges au Sénat aux chevau-légers, menacés dans leurs départements par le suffrage universel. Duclerc, ami personnel de La Rochette, servit d'intermédiaire entre celui-ci et Gambetta. Duclerc était un homme d'une rare compétence en matière financière, estimé de tous, excepté du vieux Barthélemy-Saint-Hilaire, qui l'accusait d'avoir trempé dans une affaire véreuse en Espagne avec le duc Decazes. Cette accusation a beaucoup nui à Duclerc, et l'a même écarté de la présidence du Sénat. Si elle avait eu le moindre fondement, je n'aurais pas été son ami.

- La Rochette faisait attendre sa réponse à nos ouvertures. Il craignait qu'en cas d'échec ses amis ne jouassent un rôle ridicule. En outre, certains légitimistes se berçaient encore de l'espoir de figurer au dernier moment sur la liste du centre-droit, et ils auraient préféré, par respect humain, devoir leur nomination à leurs amis. Duclerc et La Rochette travaillaient on peut le dire jour et nuit. L'accord n'était pas facile. On dut promettre à tel membre de la droite, que je ne veux pas nommer, une compensation matérielle pour le cas où il échouerait après avoir livré son nom. Il importait pourtant de se hâter, car l'élection devait commencer le 9 décembre. Le premier jour, deux candidats seuls réunirent la majorité, d'Audiffret-Pasquier et Martel. C'étaient deux succès personnels, sans signification politique : d'Audiffret, président correct, adversaire courageux des bonapartistes, Martel, républicain très ferme, mais très conservateur, étant tous deux sympathiques à un grand nombre de leurs collègues en dehors de toute question de parti. Le comité des six se réunit le soir et siégea une partie de la nuit, attendant avec une fiévreuse impatience, place de la Madeleine, l'émissaire de la droite légitimiste porteur de la liste de ses candidats. Enfin, le marquis de Gouvello parut : c'était un de nos plus estimables collègues, fondateur d'une maison de refuge pour des enfants alsaciens-lorrains. Il demanda Gambetta, et lui remit une liste comprenant les seize noms suivants : Dumon, de Cornulier-Lucinières, de Franclieu, Pajot, de La Rochette, Théry, Bourgeois (Vendée), de Plœuc, de Douhet, de Gouvello, Paulin Gillon,

La Rochejaquelein, Hervé de Saisy, de Lorge-
ril, de Vinols et de Boisboissel. Le lendemain
10, nos listes étaient imprimées et distribuées à
l'Assemblée. Quand elles furent connues de la
droite, un déchaînement de colère s'éleva contre
les « traîtres. » Mais les « traîtres » laissaient
dire, car le centre-droit, lui aussi, distribuait
sa liste, sur laquelle les légitimistes brillaient
par leur absence. Les orléanistes, si habiles
d'habitude, avaient été bien maladroits en décou-
rageant dès la première minute leurs collègues
de l'extrême-droite. Ils leur enlevaient ainsi leurs
derniers scrupules.

Le vote commença. Les républicains firent
ostensiblement preuve de fidélité à leurs engagements. Quand les légitimistes abordèrent la
tribune, il se produisit un incident dramatique et
ridicule. De Vinols, de Boisboissel, Bourgeois et
Larochejaquelein criaient qu'on ne les avait pas
consultés. Cela devenait inquiétant. La Rochette
nous rassurait du regard, disant qu'il savait à
quoi s'en tenir sur ces indignations, dont quelques-unes étaient de commande. De Vinols refusa
cependant de figurer sur la liste. Paulin Gillon
se vanta d'avoir décliné nos offres. Quant à La
Rochette, il mit son bulletin dans l'urne avec une
rare crânerie, sans se soucier des invectives des

26.

orléanistes. « Vous ne m'effrayez pas, leur criait-il, je vous connais trop. » C'était le mot que Delescluze marchant à la mort adressait à ses collègues de la Commune. Une autre algarade était réservée par le centre-droit au marquis de Plœuc, un peu centre-droit lui-même. Il avait accepté de voter la liste sur laquelle il figurait, mais accablé de grossières injures il supporta l'orage moins vaillamment que La Rochette. Son nom n'ayant pas réuni la majorité au second tour de scrutin, il envoya au Président sa démission de membre de l'Assemblée. En fin de session le sacrifice était médiocre.

Les candidats réactionnaires évincés assistaient avec une rage comique à ces scrutins ruinant leurs espérances. Nous avons vu au moment de la proclamation d'un vote le baron de Ravinel se lever et jeter avec rage un gros volume sur son pupitre. B... se laissait aller à des vociférations sans nom. On ne sait plus aujourd'hui ce qu'est le centre-droit. Ce groupe politique renié par le suffrage universel s'est noyé un peu dans le centre-gauche, beaucoup dans la droite cléricale. Nous l'avons bien connu, nous, à l'Assemblée nationale. Le centre-droit renfermait tout ce que la bourgeoisie française pouvait produire de plus étroit, de plus égoïste, de plus obtus. Ces bour-

geois ex-philippistes, fils bâtards de la Révolution, qui avaient pris trop à la lettre le mot de
Guizot : « Enrichissez-vous », hautains, scepti-
ques, plats dans la défaite, arrogants dans la victoire, libéraux dans l'opposition, cruellement
despotiques dès qu'ils disposaient du pouvoir,
voltairiens par tradition mais dévoués aux prêtres
par intérêt, généreux par ostentation, vertueux
par économie, « ventre » de toutes les assemblées,
constituent aujourd'hui le principal appoint du
parti clérical et antisémite. Ces petits-fils d'ache-
teurs de biens nationaux ont pris, entre autres
choses, des particules, et hantent les églises. Je
les connais bien, car je suis né et j'ai vécu dans
leur milieu. Les légitimistes les connaissaient
aussi, comme le leur criait La Rochette. C'est
la haine et le mépris de ces gens-là qui rapprocha
un jour l'extrême-droite de nous : ce rapprochement imprévu devait contribuer dans une
large mesure à l'établissement de la République.

Le résultat de l'élection du 10 ne fut pas ce
que nous aurions souhaité. Quelques défections
s'étaient produites dans nos rangs. On raya des
noms. Dix-sept républicains passèrent grâce au
concours des légitimistes, sans qu'aucun de leurs
candidats obtînt la majorité. Cette journée irrita
et inquiéta Gambetta, qui gourmanda vivement

ceux de ses collègues dont l'indiscipline pouvait nous faire taxer de déloyauté. Il finit par leur faire entendre raison, et put promettre positivement pour le lendemain à nos alliés l'élection d'un certain nombre de leurs candidats. Les embarras croissaient de tous côtés à la fois. La nomination des généraux Changarnier et d'Aurelles de Paladines, en réduisant le nombre des sièges à pourvoir, nous obligeait à rayer deux républicains sur notre liste. La droite avait à sacrifier de son côté une quinzaine des siens. Aussi demanda-t-elle, pour avoir le temps d'aviser, le renvoi de l'élection au lundi suivant. Nous étions au vendredi. Cet ajournement était gros de périls. Gambetta et Lepère obtinrent qu'on voterait le lendemain samedi. Le comité des gauches se réunissait maintenant à Versailles, et non plus chez Jules Simon. Celui-ci tint à justifier la mauvaise opinion qu'avait de lui Gambetta. Au mépris de ses engagements, il voulut figurer sur la liste des candidats, sous prétexte qu'au cours des premiers scrutins un certain nombre de voix s'était groupé sur son nom. Il larmoyait suivant son habitude, parlant de son âge, de sa pauvreté, de sa mansarde, de ses services, affirmant qu'il ne trouverait nulle part une circonscription. Gambetta, indigné, lui répondit : « Vous avez besoin, vous, d'être tenu de court par le suffrage universel. S'il n'est pas là pour vous maintenir dans le droit chemin, vous descendrez jusqu'à la réaction. Vous serez perdu pour nous et vous vous perdrez. » Aucun des quatres autres membres du comité ne protesta, mais on dut se soumettre aux prétentions de Simon, car tous le savaient capable de passer à l'ennemi si on ne lui jetait pas cet os à ronger. L'avenir a justifié cette prophétie de Gambetta, dont j'ai atténué les termes. On vit plus tard Simon, sénateur inamovible, s'allier au duc de Broglie pour combattre l'article 7 et la politique républicaine de Jules Ferry. Eugène Pelletan se sacrifia avec son désintéressement habituel, et laissa sa place à l'auteur du *Devoir*.

Magnin, rayé de la liste le 10, par suite de l'élection de d'Audiffret-Pasquier, fut réintégré le 11 après la démission du marquis de Plœuc. On avait d'abord pensé à Arago pour ce siège. Lepère alla le trouver au milieu de la nuit et lui proposa de redevenir candidat, mais à condition qu'il s'engageât à se retirer une fois de plus si une nouvelle exclusion devenait nécessaire. Arago n'était pas conciliant quand on le réveillait à deux heures du matin. Il refusa. Lepère alla frapper chez Magnin à trois heures de la nuit.

Magnin est toujours de bonne humeur. Il accepta et fut élu quelques jours après.

Le vote du 11 eut une importance exceptionnelle, et détermina l'orientation électorale. Onze candidats passèrent, dont sept légitimistes, trois républicains et un irrégulier, Kolb-Bernard. On agissait avec prudence, le comité ne voulait faire arriver du coup ni tous les républicains, ni tous les légitimistes. Ce n'était pas précisément de la méfiance, mais l'application de la politique « donnant, donnant ». La presse réactionnaire eut une explosion de colère, et les nouveaux élus légitimistes durent entendre, comme on dit, leurs oreilles tinter. Le centre-droit écumait. La Rochette écrivit une lettre à *L'Univers*, non pour plaider les circonstances atténuantes, mais pour exposer les justes griefs de ses amis. « Les chefs du centre-droit, disait-il, ont fait la République contre le roi et contre les royalistes. Maintenant que la République est faite, ils voudraient la gouverner, toujours contre le roi et aussi contre les républicains, avec le concours des royalistes. Je n'accepte pas pour ma part l'immoralité de cette politique..... J'aime mieux des ennemis découverts que des ennemis cachés ».

Le lundi 13, les républicains firent passer

neuf candidats. Les chevau-légers reconnaissants du vote du 11 avaient marché comme un seul homme. Le 14, un seul candidat obtint la majorité. Aux autres, dont j'étais, quelques voix seulement manquèrent. On s'imagine l'état de surexcitation des candidats après plusieurs jours de ballottage, tantôt arrivant à quelques voix près, tantôt en perdant une cinquantaine. Nous qui avions été mis sur la liste sans être consultés ni même avertis, nous maudissions notre « heureux sort ». Je n'échappais pas à l'énervement général, résultant de la fièvre électorale. Quand nos collègues rentrant dans la salle des séances, après avoir assisté au dépouillement encore inachevé, nous disaient : « Vous êtes élus ! » sauf à ajouter cinq minutes après : « Il vous manque deux ou trois voix ! » nous avions envie de mordre. Le jour où mon nom sortit enfin de l'urne, mon vieil ami Peyrat se précipita vers moi et me dit : « Scheurer, cette fois, ça y est. Vous êtes élu ». Je lui répondis par un énergique : « Vous m'embêtez ! » qui souleva un formidable éclat de rire. C'est le 13 que je devins inamovible. Mes am is m'ont rendu ce jour-là un fier service, en m'exemptant pour toujours des corvées électorales. Elles ne m'allaient guère, et Peyrat a souvent égayé la galerie à mes dépens, en faisant allusion à « la charmante humeur de Scheurer candidat ».

Les scrutins se prolongeaient indéfiniment, soumis à d'étranges remous provoqués par des défiances réciproques. Nous subissions le contre-coup de pressions extérieures mystérieuses. Thiers après avoir donné de sa personne les premiers jours combattit ensuite plusieurs de nos candidats. Il fit échouer le brave Denfert-Rochereau contre lequel il ressentait de la jalousie, et Barni, à qui il reprochait son beau livre *Napoléon et son historien M. Thiers*. Le comité des six fut obligé de capituler devant l'ancien Président, et de substituer à Barni le général Letellier-Valazé, ami intime de Thiers, qui fut élu immédiatement, preuve éclatante de l'influence de son patron.

Le comité, pour éviter des surprises, décida qu'un des nôtres distribuerait la liste officielle au pied de la tribune. Alphonse Gent fut chargé de cette mission. Le centre-droit en fit autant, mais sans succès, et rappela bientôt son distributeur. Pâris, alors, eut l'audace de demander l'annulation des élections, sous prétexte que la gauche avait exercé une pression sur les votants. Le centre-droit avait voulu, un peu tard, imiter notre tactique et composer une liste de prétendue

conciliation, où il donnait des sièges aux mécontents de la gauche. *Le Moniteur Universel*
avait exposé naïvement ce plan, seulement il
parlait de faire une part « aux hommes mar-
quants du parti républicain ». C'était un euphémisme pour désigner les grincheux. Gambetta
répondit à Pàris, dont la proposition baroque ne
fut repoussée qu'à treize voix de majorité. Les
bonapartistes se divisèrent, et nous faillîmes
être battus. Le centre-droit leur avait réservé
quatre sièges, sans les consulter je crois.

Les orléanistes se trouvaient dans un embarras
cruel. Il leur fallait rayer dix-huit noms, parmi
lesquels celui du duc de Broglie, qui venait en
mauvais rang, car nul n'était moins aimé de ses
amis politiques que le duc. Or de Broglie ne
voulait pas entendre parler de sa radiation.
Impossible de dresser une liste dans ces conditions. Le 16, soixante droitiers mirent des bulletins blancs dans l'urne. Jules Simon fut élu ce
jour-là. La discipline s'affaiblissait aussi à gauche, en présence du désarroi de nos adversaires.
On votait au hasard de ses préférences personnelles, pour des noms étrangers à la liste. Il importait d'aviser. Le comité des six intervint auprès
de ces candidats plus ou moins involontaires.
Pelletan, Arago, Sénart, Marc Dufraisse, Jules

Favre, Pressensé, répudièrent publiquement toute candidature.

Le terrain était déblayé, mais il restait deux récalcitrants, Barni et Denfert, que Thiers avait fait éliminer. René Goblet les soutenait de toute s ses forces, Barni surtout, pour des raisons spéciales à la politique du département de la Somme. Le 17, il y eut deux listes pour la gauche et deux pour la droite, de cinq candidats chacune. Le général de Cissey passa seul. Le 18, il n'y avait plus que quatre candidats et trois listes. Pour nous : Wallon, le marquis de Maleville (ne pas confondre avec Léon de Maleville, élu dès le début), de Janzé et Peyrat ; pour le centre : Wallon, Dupanloup, Decazes et l'amiral de Montaignac ; pour la droite : Dupanloup, Montaignac, Raudot et l'amiral Saisset. Wallon et Dupanloup, portés sur deux listes, furent élus. Quelques bonapartistes cléricaux avaient voté pour l'évêque d'Orléans. La fatigue et l'indiscipline empêchèrent aucun nom d'obtenir la majorité, le lundi 20. Le 24, enfin, la liste des inamovibles était complétée par la nomination du marquis de Maleville (gauche) et de l'amiral Montaignac (droite). Les efforts de Goblet, de Barni et de Denfert n'avaient abouti qu'à faire échouer Brelay et Peyrat. Ce dernier était la bête noire de la droite, à cause de son mot célèbre : « Le cléricalisme, voilà l'ennemi ! » que devait lui emprunter plus tard Gambetta.

Les droites étaient matées. Le plan de Gambetta avait admirablement réussi, sauf quelques échecs partiels, imputables à l'influence de Thiers et à l'indiscipline d'une poignée de mécontents. La droite ne fit passer en tout que cinq de ses candidats. L'élection des inamovibles peut compter parmi les plus grands entre les nombreux et mémorables services que Gambetta a rendus à la République et à la France. On ne saurait exagérer son rôle en cette circonstance. Bardoux, membre du comité des six, me disait encore vingt ans plus tard : « C'est à Gambetta que nous sommes redevables de ce grand bien. »

C'est à lui en effet qu'est due l'idée première du plan de bataille qui nous a donné la victoire. C'est lui qui a trouvé des alliés et des négociateurs ; c'est lui enfin qui a su agir sur les républicains de l'Assemblée nationale, et leur faire accepter une discipline rigoureuse, sans laquelle rien n'était possible. L'élection des inamovibles marque une date décisive dans notre histoire. En rendant confiance au pays, elle a préparé la victoire relative des républicains aux élections sénatoriales du 30 janvier 1876 et leur triomphe éclatant aux élections législatives du 20 février suivant.

Dans le Sénat, définitivement constitué, les républicains ne possédaient pas tout à fait la moitié des sièges. Aussi, jusqu'au premier renouvellement partiel de 1879, presque toutes les élections d'inamovibles vinrent renforcer encore la droite. Au début, seulement, nous fîmes passer trois candidats assez pâles, grâce aux inimitiés des deux hommes qui se disputaient l'influence, le duc d'Audiffret-Pasquier, chef du centre-droit anti-bonapartiste et le duc de Broglie, chef du centre-droit clérical. Le 8 mars eut lieu la première élection par suite du décès de notre fidèle allié de décembre, La Rochette. Le gouvernement voulut faire arriver au Sénat le ministre de l'Intérieur Ricard, qui ne faisait plus partie du Parlement. Ricard était un mauvais choix, et sa candidature établissait un fâcheux précédent. Il fut pourtant élu par l'unanimité des gauches et une trentaine de voix de droite, les amis de d'Audiffret. On affirme que Ricard s'était engagé à ne pas voter pour Gambetta, au cas où celui-ci voudrait arriver au Sénat. Ricard est mort peu de temps après, de sorte que je n'ai pu l'interroger sur ce point.

Le classement des partis n'était pas encore définitif, faute de tassement. Mais bientôt la droite se rendit mieux compte de sa force. La mort de Ricard donna aux partis l'occasion de se compter. Buffet fut élu le 16 juin par 144 voix contre 141 données à notre candidat Renouard. Nous étions donc en minorité et ne pouvions compter que sur les maladresses de nos adversaires. A la mort de Casimir Périer, ils commirent celle de soutenir Chesnelong, tandis que nous portions Dufaure. Celui-ci fut élu par 161 voix contre 109. D'Audiffret-Pasquier, cette fois, avait battu Broglie. La division s'accentuait donc chez nos adversaires. Le 24 novembre, nous eûmes à remplacer à la fois Wolowski et le général Letellier-Valazé. Les droites ayant deux candidatures à se partager pouvaient s'entendre ; elles reportèrent Chesnelong avec le général Vinoy. Nous, Renouard et Alfred André. Chesnelong passa au second tour, et au troisième, Renouard battit Vinoy. Les bonapartistes furieux menacèrent de voter dorénavant avec nous. On dut leur promettre le premier siège vacant. L'occasion se présenta le 10 mars 1877, à la suite de la mort de Changarnier. Dupuy de Lôme fut élu par 142 votants contre 141 à Alfred André. En réalité, nous ne disposions que de 135 voix sûres. Le surplus était fourni par les irréguliers et les mécontents de droite.

27.

Malheureusement, la mort de quatre des nôtres, Ernest Picard, Tocqueville, Edmond Adam et Lepetit, qui furent enlevés coup sur coup, nous mit hors d'état de lutter jusqu'au renouvellement triennal. Les droites firent passer Chabaud-Latour, Greffulhe et Lucien Brun, le 17 novembre, Grandperret, après ballottage, le 24. La lutte devenait pour nous impossible, sans espoir et sans intérêt. Le 4 décembre, de Larcy et Ferdinand Barrot obtinrent une dizaine de voix de majorité. D'Audiffret avait dû subir, sans l'accepter jamais, l'alliance bonapartiste. En ma qualité de secrétaire, j'avais avec lui des rapports quotidiens, et souvent il me fit connaître son opinion sur la politique du duc de Broglie, opinion dépourvue de bienveillance. Il reprochait à son rival de découvrir le Maréchal à tout propos et de mêler l'influence de l'Élysée à nos luttes électorales. Je dois reconnaître que Grévy suivit plus tard en ces matières les errements du Maréchal.

Le 23 janvier 1878, en remplacement de d'Aurelle de Paladines, la droite porta le duc Decazes, ami de d'Audiffret, et quelque peu brouillé avec le duc de Broglie depuis 1873, à la suite de l'affaire du duc d'Aumale. L'élection, par le fait de tiraillements entre la droite, le centre-droit et les bonapartistes, traîna plus de trois semaines.

Le premier jour, notre candidat Victor Lefranc obtint 129 voix contre 128 à Decazes : la majorité absolue était de 137. Le 24, pas de résultat non plus, la droite reprochant à Decazes d'avoir empêché le retour du roi. L'élection fut remise au 14 février, puis au 16. Le centre-droit dut sacrifier Decazes au candidat de la droite pure, Carayon-Latour. C'était un coup du Maréchal et du duc de Broglie. D'Audiffret me dit : « Broglie est parvenu à associer Mac-Mahon à sa campagne contre Decazes. Il a fait circonvenir tous les sénateurs susceptibles de recevoir son mot d'ordre. D'Harcourt, le mauvais génie de l'Élysée, a pris en main l'affaire Carayon-Latour. Le général Boissonnet est venu me dire qu'il ne pouvait plus voter pour Decazes, parce que le Maréchal lui avait envoyé le général Pourcet pour lui demander de voter pour Carayon. Le Maréchal est avec les chevau-légers. Imaginez que tout récemment il a invité tout le Conseil d'État à l'Élysée, à l'exclusion du président Andral. N'est-ce pas monstrueux ? »

Le 16, pas de résultat encore. Victor Lefranc gagna 11 voix, celles des intimes de d'Audiffret, décidés à donner une leçon à l'Élysée. Le 19, enfin, Carayon-Latour fut élu par lassitude. Quelques voix du centre, nuance Béraldi, abandonnèrent Lefranc, pour « en finir ».

D'Audiffret me dit après le scrutin : « L'élection Carayon-Latour a détruit la majorité de droite au Sénat. Souvenez-vous de ce que je vous dis ce soir. Il y a trois lois politiques à l'ordre du jour que le Sénat n'aurait pas votées, parce qu'elles ne sont pas du goût de l'Élysée. Eh bien, nous les voterons. Ce sera notre réponse au Maréchal. » La prédiction du duc Pasquier fut justifiée par le vote des lois sur le colportage, l'amnistie et la levée de l'état de siège. Le centre-droit s'abstint ou vota pour. Gambetta avait cette bonne fortune de voir toujours les rancunes personnelles de telle ou telle fraction de ses adversaires servir la politique républicaine.

Trois vacances se produisirent bientôt par suite du décès de deux des nôtres, Renouard et le général Charreton, et de Dupanloup. La droite les remplaça par Oscar de Vallée, d'Haussonville père et Numa Baragnon, le 15 novembre 1878 : ce fut pour elle le chant du cygne.

Le renouvellement triennal eut lieu en effet le 5 janvier 1879. Les républicains y gagnèrent du coup quarante-quatre sièges. D'Audiffret-Pasquier fut remplacé à la présidence du Sénat par Martel, et le Maréchal dut céder bientôt la place à Jules Grévy, le 30 janvier. Le 14 février, la mort de Paul Morin nous fournit l'occasion de nous mesurer avec la droite et de compter nos forces respectives. La droite s'abstint en masse, et nous élûmes le comte de Montalivet avec 153 voix.

Quelques semaines plus tard eut lieu le décès de Maleville, de la gauche, et de Grefulhe, de la droite. Jusqu'alors nous avions toujours présenté des candidats couleur centre-gauche. Les présidents des trois groupes se réunirent le 24 mai 1879 et décidèrent d'établir un roulement pour la désignation des nouveaux inamovibles. L'amiral Jauréguiberry (centre-gauche) et le général Gresley (gauche) passèrent haut la main le 27 mai.

L'élection du remplaçant de Montalivet (on voit que nos candidats ne jouissaient pas d'une grande longévité, depuis La Rochette et Ricard), fit bientôt espérer à la droite qu'elle prendrait sa revanche grâce aux divisions de notre parti. C'était au tour de l'Union républicaine de désigner son candidat. Nous avions choisi un savant illustre, républicain de la veille, Paul Broca, dont les opinions philosophiques n'étaient pas pour plaire aux timorés. Aussi le centre-gauche dissident, groupe de formation récente, constituée sous l'inspiration de Jules Simon et de Dufaure, s'entendit-il avec le parti des ducs pour opposer à Broca l'avocat Bétolaud. Béranger fut

chargé d'aller offrir] à Bétolaud la candidature,
en lui promettant les voix de la droite décidée
à tout pour empêcher l'élection de Broca, un
« athée ». Bétolaud lui-même m'a raconté l'entrevue. En toute autre circonstance, la candidature
de Bétolaud, avocat distingué, non suspect d'hostilité à la République, ami de Grévy qui le soutenait insidieusement, eût été acceptable. Mais
nous ne pouvions admettre que la droite se servît
de lui pour enlever à l'Union républicaine le
bénéfice de son premier tour de désignation, puisque le centre-gauche et la gauche venaient de
recevoir satisfaction avec Jauréguiberry et Gresley. Gambetta comprit la gravité de la situation.
Une conversation de Simon et de Broglie, surprise
dans un coin de la salle des séances, le décida à
agir avec la dernière vigueur, quoiqu'il eût de la
sympathie pour Bétolaud. Il songea à renouveler
la manœuvre de 1875, non plus avec les légitimistes, mais avec les bonapartistes.

Le 20 janvier, le premier tour de scrutin ne
donna aucun résultat, la droite n'ayant pas eu
assez de confiance en Jules Simon pour agir avec
ensemble. Nous demandâmes l'ajournement à
quinzaine pour avoir le temps de faire revenir
nos amis, absents en assez grand nombre, et
d'entamer des négociations. L'ajournement fut

voté par assis et levés, ce qui nous donna la joie
de constater *de visu* l'alliance de la droite avec le
centre-gauche dissident. Jules Simon, Laboulaye,
Dufaure, Béranger, Krantz, etc., se levèrent en
même temps que Broglie et les chevau-légers en
faveur de l'élection immédiate. La complicité
éclatait à tous les yeux. Le renvoi à quinzaine
était pour nous une première victoire dont il
fallait profiter.

J'allai trouver Gambetta dès le lendemain, et
lui remis une liste des sénateurs avec l'indica-
tion probable du vote de chacun d'eux en face de
son nom. Après l'avoir étudiée, il me dit : « Il n'y
a rien à faire du côté du centre-gauche dissident,
il faut voir ailleurs. »

Deux jours après, Gambetta avait trouvé une
combinaison. M. d'Aulan, bonapartiste militant,
deux fois invalidé par la Chambre, se trouvait élu
une troisième fois, avec son élection sérieusement
contestée mais non encore rapportée. Gambetta,
alors président de la Chambre, fit venir Raoul
Duval et lui demanda s'il se souciait beaucoup de
voir M. d'Aulan renvoyé une fois de plus devant
les électeurs de la Drôme. Il était facile de devi-
ner la réponse de Raoul Duval. « Eh bien, fit
Gambetta, le rapport de cette élection sera remis
au jeudi après l'élection du sénateur inamovi-

ble. » Il n'en dit pas davantage, mais Raoul Duval comprit. Simon avait traité avec les bonapartistes pour trahir la gauche. Gambetta les menaça pour servir la République. Le général Fleury recruta des voix pour Broca. La veille du vote, Gambetta me glissa à l'oreille : « La victoire est à nous. La vieille garde donne, jusqu'à Canrobert inclusivement. »

Le 5 février Broca passa avec 140 voix contre 132 à Bétolaud. Sans les bonapartistes, Simon et Broglie triomphaient. La droite fut consternée de son échec, et encore plus surprise, car les négociations de Gambetta avaient été tenues absolument secrètes. Même après le vote, personne n'en dit mot. Bétolaud me parlant de son échec il y a peu de temps encore l'attribuait au dépit du baron de Lareinty pour qui il avait refusé de plaider une affaire douteuse. Or, justement Lareinty m'a avoué qu'au lieu de voter soit pour Broca, soit pour Bétolaud, il avait perdu son vote sur un nom quelconque.

Le découragement s'empara des droites après cette dure leçon. Nous fîmes passer sans concurrents John Lemoine à la place de Léonce de Lavergne, et Albert Grévy en remplacement de Crémieux. Malheureusement Broca mourut quelques mois après son élection, le 9 juillet 1880, laissant des regrets unanimes bien dus à ses rares qualités morales et à sa haute valeur scientifique. Les vacances parlementaires étaient ouvertes, le remplacement de Broca par un candidat désigné par l'Union républicaine ne devait se faire que plusieurs mois plus tard, à la rentrée. Nous fûmes tout l'été en proie à mille sollicitations, les unes gênantes, les autres saugrenues. Savants peu versés dans la politique, monarchistes convertis, anciens serviteurs de la démocratie un peu fourbus (Victor Hugo était généralement leur patron), médecins, littérateurs, avocats, économistes en disponibilité, poètes incompris, grands hommes de sous-préfecture arrivant en ligne droite du Palais-Bourbon, militaires, magistrats, millionnaires, nécessiteux se succédaient chez nous sans trêve ni merci pour exposer leurs titres. Rien qu'à y penser la migraine me reprend. Alfred Naquet, oubliant qu'il était l'ennemi de Gambetta (il se vantait de cette haine dans sa correspondance avec moi), et l'adversaire déterminé du Sénat, me pria de recommander sa candidature sénatoriale au Dictateur. Il donnait une nouvelle preuve de cette sereine absence de sens moral qui faisait dire plaisamment à mon savant et spirituel collègue de Rozières, un peu déjeté lui-même : « Naquet déshonore les bossus ! »

Freycinet se mit aussi sur les rangs pour échanger son siège de simple sénateur contre un fauteuil d'inamovible. Il sollicita l'appui de Gambetta qui s'était déjà engagé avec le général Farre. Je me trouvais à Thann. Freycinet me fit écrire par Duclerc, le 31 juillet, en me priant de ne pas promettre mon vote avant de le revoir. Gambetta reprochait en ce moment à Freycinet, entré au Sénat sous ses auspices en 1876, d'avoir recherché les sympathies de Simon et de la droite en prononçant le discours de Montauban dans lequel il blâmait l'exécution des décrets. J'ai toujours eu de l'affection pour Freycinet, mais je ne puis nier qu'il subît facilement de fâcheuses influences. Gambetta me refusa péromptoirement d'appuyer la candidature de son ancien collaborateur de Tours et de Bordeaux. Tant que Freycinet n'eut pas forcé les portes du Parlement, Gambetta s'était intéressé à lui avec une extrême sollicitude. Depuis 1871, il ne s'était pour ainsi dire point passé d'élection sans que Gambetta fît des efforts pour mettre en avant le nom de Freycinet. Je lui ai souvent entendu dire à l'Assemblée nationale : « On n'acceptera donc jamais mon homme? Ah ! s'ils connaissaient sa valeur ! » On comprend que Gambetta se soit un peu détaché de son ancien ami le jour où il put le suspecter de lier partie avec ses adversaires.

Freycinet comprit sa faute et tenta de rentrer en grâce. Il promit à Gambetta de soutenir sa politique au Sénat et de rompre avec Jules Simon et Dufaure. « Je lui ai répondu, me dit Gambetta, que j'étais prêt à tout oublier, mais qu'il me fallait des gages, dont le premier serait de ne pas aspirer à la succession de Broca. »

Freycinet ne posa donc pas sa candidature. Simon et le duc de Broglie le remplacèrent par l'amiral Dupré. Le 25 novembre ce marin fut battu par le général Farre. Le candidat de Gambetta passa à dix voix de majorité seulement. Cette élection si disputée prouvait la désagrégation causée par les intrigues du centre-gauche dissident. Les républicains devaient songer à se défendre.

Six mois se passèrent avant qu'une nouvelle vacance vînt nous permettre de nous mesurer. Deux élections eurent lieu le 21 mai 1881 pour remplacer Oscar de Lafayette et Baze. Le choix de leurs successeurs revenait à la gauche et au centre-gauche, qui proposèrent Victor Lefranc et Henri Didier, ce dernier soutenu par l'Élysée. Pour éviter les difficultés dans l'avenir, je demandai à l'Union républicaine qu'on imposât doré-

navant à tous les candidats le triple engagement :
1° de voter aux élections d'inamovibles pour les
candidats désignés par les gauches; 2° de voter
avec la gauche sur toutes les questions de politique générale ; 3° de ne pas entrer dans le
groupe dit « centre-gauche dissident. » L'Union
adopta ma proposition et la fit agréer par la réunion plénière des gauches. Lefranc et Didier
furent élus par 151 et 148 voix, contre 99 au général
de Rivière et 86 à Robinet de Cléry. Les mesures
de précaution dont j'avais pris l'initiative
n'étaient pas inutiles. En effet, les candidats de
l'Union républicaine avaient toujours plus de
peine à passer que ceux des deux autres groupes.
On verra même plus loin que l'un d'eux, Hérold,
fut battu.

Le 23 juin, nous eûmes à désigner le successeur de Littré. Victor Hugo proposait son ancien
compagnon du 2 Décembre, Charamaule. Corbon
fit accepter Emile Deschanel, également ancien
proscrit, professeur au Collège de France, lié
avec beaucoup d'entre nous, républicain ferme
et courageux. Comme toujours, lorsqu'il s'agissait
d'un de nos candidats, le centre-gauche dissident,
Jules Simon et Broglie, tentèrent de nous faire
échec. Néanmoins Deschanel fut élu par 130 voix
contre 113 à Vacherot. Ainsi, même avec une

forte majorité républicaine au Sénat, les noms proposés par nous avaient peine à réunir le chiffre de voix que nous obtenions facilement à l'époque de la lutte pour l'existence. Voilà l'œuvre bien tangible de Jules Simon, qui a souvent risqué de faire sombrer la République pour satisfaire ses rancunes. On comprend l'ostracisme dont l'ont frappé à partir de cette époque tous les républicains de conviction.

Depuis longtemps je travaillais à faire accepter par le centre-gauche la candidature de mon maître et cher ami, Adolphe Wurtz. Je l'avais présenté à Gambetta, qui avait été séduit par le caractère charmant et ouvert du grand chimiste, me promettant une active intervention en sa faveur. Wurtz, quoique rallié depuis longtemps à la République, n'était pas à proprement parler un homme politique, mais j'estimais que sa présence au Sénat serait de nature à honorer ce corps, et que, dans certaines questions spéciales, il serait capable de rendre de réels services. Le comte Roger, du Nord, étant mort au commencement de juillet 1881, son remplacement fut fixé au 7. Le centre-gauche accepta la candidature de mon illustre ami. Je m'étais porté fort pour lui à la réunion plénière des gauches. Wurtz fut élu. Il m'écrivit à cette occasion : « C'est à vous, mon bon Scheurer, que je dois mon succès, et j'en garderai le souvenir au fond de mon cœur. Vous rappelez-vous le jour où, il y a quatre ou cinq ans, je vous ai fait, dans mon cabinet de la rue Saint-Guillaume, la première ouverture? Depuis lors, votre amitié vigilante n'a pas perdu une occasion pour me rapprocher du but. J'ai trouvé, je le sais, de chauds partisans, mais vous êtes l'ami de la première heure, et vous m'avez amené tous les autres. Ai-je besoin de vous dire que je ratifierai les promesses que vous avez faites en mon nom? Je suis républicain, et en qualité de Strasbourgeois, je serais honteux d'être autre chose. »

Dans ce même mois de juillet, nous fîmes entrer au Sénat un autre savant, également chimiste, également illustre, un confrère de Wurtz et malheureusement son adversaire, Berthelot. Entre ces deux hommes, il existait depuis de longues années une rivalité, je dirais presque une haine, que la mort seule parvint à éteindre. Wurtz était emporté, comme un véritable Alsacien; Berthelot était froid, à la surface du moins. Le premier, doué d'imagination, aimant le beau, cultivant la musique, exubérant, dévoué, sympathique, était partisan de la théorie atomique. Le second, tout à la science, renfermé, ayant peu d'amis, quelques-uns très solides cependant, et parmi eux Ernest Renan, traitait l'atomisme avec un parfait dédain. Par une curieuse coïncidence, le Sénat appela à lui, à quinze jours d'intervalle, ces deux hommes si différents, appartenant tous deux à l'Académie des Sciences. Hérold fit pour Berthelot ce que j'avais fait pour Wurtz. Il s'employa auprès de la gauche républicaine, dont il faisait partie (en qualité de sénateur de la Seine), comme moi auprès du centre-gauche, groupe duquel j'étais pourtant fort éloigné en politique. Le 16 juillet, Berthelot remplaça Dufaure, par 124 voix sur 157 votants, dont 17 mirent des bulletins blancs dans l'urne. La droite et une partie du centre-gauche s'abstinrent, l'éminent candidat manquant à leurs yeux d'orthodoxie.

Mais, en novembre, la lutte reprit pour le remplacement de Fourcand. L'Union républicaine avait désigné Hérold, inscrit également à la gauche, et qui craignait de ne pas être réélu à Paris. C'était dangereux, car en prenant un candidat parmi les sénateurs, on risquait de créer un précédent fâcheux et de soulever dans l'avenir d'ardentes compétitions. Simon et de Broglie profitèrent de notre faute. Ils mirent en avant un ancien sénateur, Voisins-Lavernière, abandonné par les électeurs du Tarn, qui avait voté d'une façon correcte, mais qu'ils croyaient pourtant disposé à suivre la politique du centre-gauche dissident. Voisins-Lavernière passa avec 124 voix contre 117 à Hérold. Nous fûmes indignés de la conduite du centre-gauche. Pourtant, nous ne lui avons jamais rendu la pareille en mettant ses candidats en échec. Notre parti n'a pas l'habitude de compromettre la politique républicaine pour satisfaire ses rancunes, même les plus justifiées.

Le 20 mai 1882, il y eut une nouvelle élection. en remplacement de Bertauld, le savant et original jurisconsulte. C'était le tour du centre-gauche, quoique ce groupe nous eût pris, d'une façon indélicate, le siège d'Hérold. Il choisit Dietz-Monnin, pour qui nous votâmes avec résignation et un rare oubli des injures.

Le 10 juillet, la gauche porta pour succéder au général de Cissey, Allou, pour qui Gambetta faisait une propagande active. Allou avait plaidé pour lui sous le 16 Mai, et Gambetta se distinguait de la plupart des hommes politiques en ceci que la reconnaissance n'était pas pour lui un fardeau trop lourd. Il fondait de grandes espérances sur l'éloquence d'Allou, en quoi il se trompait, car l'éminent avocat a fait au Sénat une assez modeste figure. Il y entra avec 150 voix contre 43 bulletins blancs.

Jusqu'ici, le choix des candidats de l'Union s'était fait presque sans débats. Lorsque nous eûmes à pourvoir un des sièges vacants par suite de la mort de l'amiral Pothuau et du baron de Larcy, Laurent-Pichat proposa Ernest Havet, l'illustre auteur du *Christianisme et ses origines* ; Testelin, le général Campenon ; Challemel-Lacour, Clamageran ; Corbon, enfin, Jourde directeur du *Siècle*. Nous ne savions qui désigner, et le choix fut remis au lendemain, jour de l'élection. Après une longue discussion, Clamageran réunit la majorité. Le centre-gauche avait désigné Bardoux comme second candidat. Le 7 décembre, Bardoux obtint 163 voix et Clamageran 143. Comme d'habitude, un certain nombre de nos collègues modérés nous avaient abandonnés.

Le 8 mars 1883, Lalanne (gauche) fut élu à la place de Chanzy par 156 voix. Le mois suivant, à la mort de Laboulaye, la lutte s'engagea à l'Union entre Tirard, ministre des Finances en exercice du cabinet Ferry, et le général Campenon, ancien ministre de la Guerre, patronné par Testelin, mais vigoureusement combattu par le général Farre. Testelin voulut me faire appuyer son candidat, mais j'étais engagé déjà avec mon ami Tirard, qui me paraissait avoir plus de titres et plus de chances. Testelin maintint quand même la candidature Campenon; mais le major Labordère, Schœlcher et Laurent-Pichat attaquèrent vivement dans la réunion du groupe le ministre de la Guerre de Gambetta, lui reprochant, très injustement d'ailleurs, d'avoir placé Miribel à la tête de l'état-major général. Tirard obtint dans le groupe 30 voix contre 8. Ce choix ne pouvait faire à personne plus de plaisir qu'à moi. Depuis le jour où Malon m'avait conduit chez Tirard à Bordeaux, avant la Commune, je suivais sa carrière avec intérêt, le voyant grandir à chaque session et rendre à la République les plus signalés services. Son courage égalait son intelligence, et il avait le mérite de s'être formé lui-même. A la séance du 23 juin il réunit 157 suffrages. Pour la première fois, un candidat de l'Union républicaine obtenait toutes les voix de gauche. Il est vrai que quoique désigné par nous, il appartenait plutôt à la gauche qu'à l'Union. Il ne faisait pas partie, comme la plupart d'entre nous, du groupe des anciens amis de Gambetta; enfin, il était ministre des Finances. Trois raisons qui lui valurent, plus que son mérite, pourtant fort réel, les voix des modérés.

En dépit de ce succès, beaucoup de nos amis désiraient en finir avec les défections habituelles du centre-gauche, et préconisaient la réunion des

deux grands groupes de la gauche républicaine
et de l'Union, la rupture avec les centres. C'eût
été une faute politique. Pourtant, quand à la
mort de Victor Lefranc le centre-gauche choisit
pour le remplacer Edmond de Pressensé, quoique
ce choix fût excellent, Béral posa la question de
la scission à la réunion de l'Union du 8 novembre.
On décida de ne pas se diviser, de peur de rejeter
une partie des républicains modérés à droite, et
d'attendre le prochain renouvellement du Sénat
pour faire la concentration à gauche. Pressensé
fut élu le 17 novembre par 143 voix. Comme elles
le faisaient depuis assez longtemps, les droites
s'étaient abstenues ou avaient voté blanc.

Le mois suivant, à la mort de Lasteyrie et de
Ferdinand Barrot, la gauche choisit le général
Campenon, revenu au ministère de la Guerre avec
le cabinet Jules Ferry, et l'Union Jean Macé, le
fondateur de la Ligue de l'Enseignement, contre
Ernest Havet, proposé par Berthelot, Deschanel
et Laurent-Pichat. Le 8 décembre, Campenon
obtint 173 voix. Le centre-gauche dissident re-
commença contre Jean Macé ses intrigues habituelles et ressuscita la candidature de Bétolaud,
qui réunit en tout et pour tout 66 voix contre 134
à Jean Macé.

A la mort de Gaultier de Rumilly le centre-gauche voulut porter Octave Gréard. Mais celui-ci repoussa les avances de Léon Say. « Vous voulez faire de moi un ministre de l'Instruction publique, lui dit-il, et puis après ? Pouvez-vous me garantir un ministère de cinq ans ? Non. Eh bien je ne tiens pas à mettre sur mes cartes : ancien ministre. » Le centre-gauche se rabattit sur Marcère, alors député mais peu confiant en sa réélection. L'Union, irritée de l'opposition faite par les modérés à Jean Macé, trouvait Marcère trop pâle et trop peu sûr. Mais Testelin le défendit énergiquement, je ne sais pour quel motif. Marcère fut accepté. Comme il n'avait pas de concurrent, il n'obtint que 130 voix. La gauche et l'Union se lassaient de jouer le rôle de dupes.

La dernière élection, pour le remplacement du comte d'Haussonville père et de mon vieux maître Wurtz, eut lieu le 24 juin 1884. La gauche choisit l'amiral Peyron, et l'Union, après une longue discussion où les noms de Havet, de Bozérian, de Léveillé, de Moutard et de Paul Bert furent prononcés, se décida pour Eugène Pelletan. Peyron obtint 186 voix et Pelletan, réduit à la portion congrue à laquelle le centre nous avait habitués, 150.

Le 13 août 1884, la révision de la Constitution entraîna la disparition des inamovibles. J'ai voté avec presque tous mes amis cette suppression contre laquelle protesta avec véhémence Challemel-Lacour. Je suis certain que si Gambetta avait vécu, il nous aurait épargné une pareille faute.

Ce système, que nous avons aboli de gaieté de cœur, a fait entrer au Sénat des hommes éminents qui jamais ne se seraient résignés à briguer les votes dans le tumulte des réunions publiques. Les inamovibles ont compté dans leurs rangs Berthelot, Wurtz, Broca, Littré, Schérer, Emile Deschanel et John Lemoinne, pour ne citer que quelques noms. Une institution capable de porter de tels fruits méritait d'être respectée. Mais nous nous laissâmes hypnotiser par les sophismes égalitaires. Bien des membres du congrès, surtout parmi les députés, obéirent, peut-être à leur insu, au sentiment obscur d'envie qui, d'après Proudhon, est un travers essentiel de la démocratie. Je me reproche amèrement pour ma part de n'avoir pas su résister à un courant déplorable, surtout quand je vois de quelle façon certains des départements, auxquels le hasard du tirage au sort a donné à élire les remplaçants des sénateurs à vie, ont usé de leur prérogative.

TABLE

www.ingramcontent.com/pod-product-compliance
Ingram Content Group UK Ltd.
Pitfield, Milton Keynes, MK11 3LW, UK
UKHW020724120726
13693UKWH00001B/156